Perek Shira

Rabbi Adin Even-Israel (Steinsaltz)

פרק שירה המבואר
על ידי הרב עדין אבן־ישראל (שטיינזלץ)

מהדורה ראשונה © 2025
הוצאת קורן ירושלים
ת"ד 4044 ירושלים 9104001
טל': 02-6330503 פקס: 02-6330534

www.korenpub.co.il

מנהל: הרב מני אבן־ישראל
עורכת הסדרה: פרומה הולנד
עריכה: אהרן בילט, הרב ישראל מלכיאל
עריכת לשון והגהה: אהבה פורטגנג
ציורים: האומן שחר גזונדהייט
עורכת אמנותית: נעמי בן־זמרה
עיבוד ועריכת הציורים: נעה אטיאס
עיצוב ועימוד: טלי האן
עיצוב העטיפה: שמואל לעסרי

דוא"ל לשליחת תיקונים: tikunim@steinsaltz-center.org

בסיוע משרד התרבות – מנהל התרבות
מסת"ב ISBN 978-965-583-013-2
נדפס בישראל Printed in Israel 2025

פרק שירה
המבואר

על ידי הרב עדין אבן־ישראל

שטיינזלץ

פרק שירה המבואר

על ידי הרב עדין אבן־ישראל שטיינזלץ

המכון הישראלי לפרסומים תלמודיים ירושלים

קורן ירושלים

מרכז שטיינזלץ

Perek Shira

Rabbi Adin Even-Israel (Steinsaltz)

פרק שירה המבואר
(על ידי הרב עדין אבן־ישראל (שטיינזלץ

מהדורה ראשונה © 2025
הוצאת קורן ירושלים
ת"ד 4044 ירושלים 9104001
טל': 02-6330503 פקס: 02-6330534

www.korenpub.co.il

מנהל: הרב מני אבן־ישראל
עורכת הסדרה: פרומה הולנד
עריכה: אהרן בילט, הרב ישראל מלכיאל
עריכת לשון והגהה: אהבה פורטגנג
ציורים: האומן שחר גזונדהייט
עורכת אמנותית: נעמי בן־זמרה
עיבוד ועריכת הציורים: נעה אטיאס
עיצוב ועימוד: טלי האן
עיצוב העטיפה: שמואל לעסרי

דוא"ל לשליחת תיקונים: tikunim@steinsaltz-center.org

בסיוע משרד התרבות – מנהל התרבות
מסת"ב ISBN 978-965-583-013-2
נדפס בישראל Printed in Israel 2025

But ask the animals, and they will teach you, or the birds in the sky, and they will tell you; or speak to the earth, and it will teach you, or let the fish in the sea inform you. Which of all these does not know that the hand of the Lord has done this? In His hand is the life of every creature and the breath of all mankind.

(Job 12:7-10)

אֲבָל שְׁאַל־נָא בְהֵמוֹת וְתֹרֶךָּ וּבְעוֹף הַשָּׁמַיִם וְיַגֶּד־לָךְ.
אוֹ שִׂיחַ לָאָרֶץ וְתֹרֶךָּ וִיסַפְּרוּ לְךָ דְּגֵי הַיָּם. מִי לֹא־יָדַע בְּכָל־אֵלֶּה כִּי יַד־יְהוָה עָשְׂתָה זֹּאת.
אֲשֶׁר בְּיָדוֹ נֶפֶשׁ כָּל־חָי וְרוּחַ כָּל־בְּשַׂר־אִישׁ.

In Honour and in Memory of

Barbara Ann Grosse obm

A devoted teacher of young children for 30 years;
A compassionate soul who believed with all her heart that education begins at the beginning of life and never ends;
Her passion for teaching continues to influence thousands of children....

With Humility and Everlasting Love

The Weisfeld Family Charitable Foundation
Stephanie & Gilad Abrahami

Netanya, Israel; Highland Beach, FL, USA; and Toronto, Canada

The Weisfeld Family
Charitable Foundation
קרן ויספלד בינלאומית
Transformative Change

תוכן העניינים

הקדמה למהדורה

הרב עדין אבן־ישראל שטיינזלץ נהג לומר שיש לו תוכניות ומשימות למאה השנים הקרובות. הספר הזה הוא אחד מהחלומות הקטנים שחלם להוציא אל הפועל. בשנות השישים הציע הרב שטיינזלץ לכמה הוצאות ספרים להוציא ביאור קצר לפרק שירה המלווה בתמונות של היצורים המופיעים בו. כחלק ממפעל חייו רצה הרב שטיינזלץ לחשוף עוד ועוד שכיות חמדה מאוצרות הרוח של העם היהודי ולהביא אותן במלוא היופי הבוהק שלהן אל הציבור היהודי הרחב בארץ ובעולם. פרק שירה איננו אחד מן הספרים רבי החשיבות בהיכל הספרים היהודי. אין הוא עומד בשורה אחת עם התנ"ך, המשנה, הגמרא, ספרי הרמב"ם ושאר הספרים שיצאו לאור במהדורות של הרב שטיינזלץ. ועם זאת, יש בו צדדים של ייחוד ושל משמעות שאותם רצה הרב שטיינזלץ להביא לידי ביטוי בלבוש חדש.

למרות התוכניות וההצעות, הוצאת הספר נדחתה, והרב מעולם לא כתב את הביאור. כעשור לפני פטירתו התכנסה קבוצת שומעים קטנה במרכז שטיינזלץ לסדרת שיעורים בפרק שירה, את הסדרה הזאת תכנן הרב להפוך לספר. העבודה על הספר התחילה לאחר פטירתו. השיעורים תומללו ונערכו עד להוצאת הביאור שלפניכם. על פי התוכנית שהתווה הרב, הביאור המלווה את החיבור קצר ותמציתי. הוא אינו מתיימר לסכם את כל דברי הביאור הרבים שנכתבו במשך הדורות על פרק שירה, וכן אינו מנסה לזהות את החיות והצמחים בזיהוי מדעי מדוקדק. יתר על כן, הביאור אינו עוסק בבירור נוסח החיבור המדויק – השתמשנו בחיבור זה בנוסח המופיע בסידור היעב"ץ, שהוא הנוסח הנפוץ כיום בסידורים. הביאור מנסה לחשוף מתוך התבוננות בחיי כל יצור את הקשר שלו לדברי השירה שהוא אומר.

בחזונו של הרב שטיינזלץ לספר הוא כלל דברי ביאור לצד ציורי טבע. הרב שטיינזלץ סבר כי יש להביא את קולו של הטקסט עצמו אל הקורא ולפיכך הברואים האומרים שירה בחיבור זה מוכרחים לקבל ייצוג חזותי. יש בתמונות המלוות את הספר משום ביאור נוסף לביאורי הרב. התמונות מנסות ללכוד את יצורי העולם במלוא חיותם ותנועתם ולהשמיע לקורא הד משירתם.

האומן שחר גזונדהייט בסיועה של האוצרת נעמי בן־זמרה יצרו את התמונות לספר בזיקה לדברי הביאור של הרב. התמונות מנסות ללכוד בעת ובעונה אחת הן את הנברא האומר שירה הן את המבט האנושי המתבונן בו ומאזין לשירתו־הווייתו. על פי הסברו של הרב שטיינזלץ, פרק שירה מבטא שירה אוניברסלית, ובד בבד הטבע המתואר בו הוא ארץ־ישראלי. לפיכך, תמונות רבות בביאור זה נטועות בדימויי הטבע הארץ־ישראלי המוכרים לנו.

פרק שירה עוסק בטבע, בחיות, בצמחים, ביצורי מעלה ומטה ובשירה שהם משבחים ומהללים בה את הקב"ה. הרב שטיינזלץ היה חובב טבע נלהב. העניין שלו בחיות, בציפורים, בפרחים ובבני אדם היה חסר גבולות. הוא התבונן בעולם וביצוריו בסקרנות עצומה, הסתכלות שיש בה כבוד, פליאה וכן קרבת הדעת. משהו מהתבוננות זו בא לידי ביטוי בספר שלפניכם. בפרק שירה כל יצור זוכה למקום, למבט ולשירה מיוחדת המלמדת על מהותו ועל תמונת עולמו. בשביל להבין את טיב הקשר בין כל יצור לדברי השירה שהוא משמיע "נכנס" הרב במידת מה לתוך עולמם וחייהם של החיה או העץ, הציפור או השרץ. פרק שירה עומד לכאורה על הגיון, על ההתפרטות העצומה של יצורי מעלה ויצורי מטה – כל אחד והווייתו המיוחדת. מאידך גיסא, סודו של החיבור הזה הוא ביכולת לאסוף יחד את המכלול העצום הזה של יצורי העולם ולראות כיצד כולם משבחים את הקב"ה. זהו אולי תפקידו של האדם האומר פרק שירה – לקשור את הבריאה כולה אל מקורה, להעלות את שירת המציאות ולצרף אליה את השירה הפרטית שלו.

חובה נעימה היא להודות לכל מי שתרם ליצירת הספר: לשחר גזונדהייט ולנעמי בן־זמרה על הפרשנות האומנותית רבת ההשראה והיופי; למשתתפי השיעורים, המקליטים והמתמללים שתרמו רבות לעבודה; ולעובדי הוצאת קורן על המסירות והעמל הרב.

אנו מקווים שהספר ימלא את כוונתו של הרב, ישמיע את קול הסימפוניה הגדולה של פרק שירה בלבבות הקוראים בו, ויאפשר להם לצרף את קולם שלהם ולומר לפני הקב"ה שיר חדש.

מוצאי שבת שירה, תשפ"ה

העורכים

מבוא

פרק שירה הוא חיבור מדרשי קדום העוסק בשירת יצורי העולם אל הבורא. בחיבור קצר זה מובאת רשימה ארוכה של יצורי מטה ויצורי מעלה ומצוינים דברי השירה והשבח שהם מביעים.

תולדותיו של פרק שירה

אין אנו יודעים מתי נכתב פרק שירה ועד כמה היה נפוץ ומקובל לאומרו בזמנים העתיקים. אף שאין בידינו עדויות חד־משמעיות לדבר, נראה שפרק שירה היה ידוע כבר בסוף ימי הגאונים – במאה התשיעית לספירה. מצויות מעט עדויות לחיבור כבר מתקופת הגאונים. קרוב לוודאי שהאזכור החשוב הראשון של פרק שירה הוא בפירוש הרמב"ן לספר איוב (לח, לו), שם הוא מזכיר עניין המבואר ב"סוד פרק שירה". מדורו של הרמב"ן ואילך מוזכר אט־אט הספר עוד ועוד ונעשה נפוץ בתפוצות ישראל.

את הפירוש הראשון לפרק שירה כתב רבי שמואל קמחי בפרובנס יותר ממאה שנה לאחר הרמב"ן. בתקופה זו התפשט פרק שירה הן בארצות ספרד, הן בארצות המזרח, הן בארצות אשכנז וגלילותיה. במאה השש עשרה בצפת החל פרק שירה לקבל מקום חשוב. צפת בתקופה זו הייתה בשיא פריחתה, היא הייתה המרכז היהודי הראשון במעלה בתקופה, ובה כתב הרב משה בר יוסף מטראני, המבי"ט, את הפירוש הנפוץ הראשון של פרק שירה. המבי"ט היה מחשובי הרבנים בצפת בזמנו של רבי יוסף קארו מחבר השולחן ערוך. כתיבת הפירוש של המבי"ט מעידה על החשיבות שהעניקו לספר בתקופה זו. מאותו דור והלאה התרבו והלכו הפירושים לספר והאזכורים שלו.

וכך, כמה שנים לאחר מכן, נעשה פרק שירה נפוץ יותר הן בכתבי היד הן בדפוסים. נקודת ציון חשובה נוספת בתהליך התקבלות פרק שירה בתקופה זו היא הוספתו בנספח לסידור התפילה. בכמה וכמה סידורים, ומהם סידורים חשובים ובעלי שם, נוסף פרק שירה שלא בסדר התפילה הקבוע, אלא בנספח שראוי לאומרו מפעם לפעם.

בתוך הנספחים הרבים שנוספו בעת ההיא לסידורי התפילה, שנועדו למאריכים במיוחד בתפילות ובכוונות, נוספו גם מהדורות של פרק שירה בסידורים, לעיתים בתוספת דברי פרשנות. התפוצה הרחבה וההמהדורות הרבות של הסידורים שכללו את פרק שירה גרמו לכך שאמירת פרק שירה הייתה למנהג נפוץ ופשוט, ואנשים החלו לכתוב עוד פירושים על פרק שירה ולאזכר אותו יותר בכתביהם. יש יותר ממאה פירושים לפרק שירה - מהם על דרך הרמז, מהם על דרך הסוד ומהם על דרך הפשט.

תוכן הספר

מבנה פרק שירה אחיד, והוא כולל רשימות של יצורי העולם ואת דברי השירה שהם אומרים לקב"ה. בפרק שירה מובאים ברואים מכל הדרגות ומכל התחומים, קשה לחשוב על קטגוריה שאין לה ייצוג בספר. למן יצורים גשמיים פשוטים כמו אריה או דב, דרך כוחות טבע כדוגמת ים או ענן ועד למהויות מופשטות כמו יום או לילה - כל הברואים האלו אומרים שירה. כמעט כל שירת הברואים בספר מורכבת מפסוק מן המקרא. פרק שירה מתחלק לפרקים, וכל פרק מוקדש למחלקה מסוימת של יצורי העולם.

לחיבור עצמו נוספו כמה נספחים הכתובים בלשון המשנה, מקצתם מאמרים שעוסקים בתוכן החיבור ומקצתם מאמרים העוסקים בחשיבותו. מקורם של נספחים אלו אינו ברור לגמרי, והם אינם מובאים בכל נוסחאות הספר.

נוסחאות פרק שירה

לפרק שירה נוסחאות רבות, בשל העברתו בין מקומות שונים לאורך ההיסטוריה. הנוסחאות אינן נבדלות מאוד זו מזו אך אף על פי כן אין מהדורה שאפשר לומר שהיא מוסכמת על הכול. ההבדלים העיקריים בין הנוסחאות נוגעים לסדר הפנימי של היצורים בתוך הפרקים וכן לחלוקה לפרקים. יש מהנוסחאות המחלקות את הספר לשישה פרקים, ובאחרות הספר מחולק לשבעה פרקים, כנגד ימות השבוע. חלק ניכר מן הספר שווה בכל הנוסחאות, אך יש חלקים המופיעים רק בנוסחאות מסוימות. אפשר לתלות את הסיבות להבדלים האלו בכך שבמשך זמן רב לא נתפס

פרק שירה כספר קבוע קנוני המיוחס לדמות מן העבר, אלא כבסיס שעל גביו אפשר להוסיף ושאפשר לשנותו. כמו קטעים רבים אחרים שנכנסו לסידור התפילה, ומשם זכו לחיים משל עצמם. עם השנים התייחדו לפרק שירה מגוון שימושים – ממנהג יראי שמיים לאומרו בסוף נוסח התפילה הארוך שלהם, ועד לעיון בפרק שירה של חכמים ומקובלים המכוונים בו כוונות מלמעלה וכוונות השייכות לעולם הזה.

פרק שירה התקבל אפוא בתודעה היהודית הן כחיבור רציני, כבד ועיוני, הן כחיבור קליל יותר המעורר את הלב ואת הנפש להתבוננות ולתפילה. אחת מסגולות הספר היא ההתבוננות והמחשבה שהוא מעורר על דברים מזווית בלתי רגילה – פרק שירה בוחן דברים שמכירים מאז ומקדם מנקודת מבט חדשה המעוררת את הנפש. זו אולי הסיבה לכך שהחיבור מצא את מקומו בסידור התפילה היהודי.

עניינו של פרק שירה

הנושא המרכזי של פרק שירה, שירת היצורים ליוצרם, איננו חדש. דברי שבח מעין אלו רווחים במקרא. בספר תהלים ישנם פרקים אחדים שבהם מרוכזים דברי שבח של יצורי העולם, ושהתמה הבסיסית בהם היא הברואים האומרים שירה. שירת הברואים המופיעה בתהלים כוללת לא רק יצורים שמשמיעים קול שיכול להתפרש כשירה לקב"ה, אלא גם הוויות דוממות כהרים וגבעות משמיעות דברי שבח ושירה לקב"ה. במובן זה, עצם הרעיון שלא רק בני אדם אומרים שירה אלא כל היצורים כולם אומרים בשפתם שירה, מופיע הרבה לפני שנכתב פרק שירה. ייחודו של פרק שירה הוא קודם כול בכמות היצורים האומרים שירה, רשימה הגדולה מכל רשימה אחרת במקרא. יתר על ההיקף והכמות, גם הפירוט המאפיין את החיבור ייחודי לפרק שירה. במקרא נכללים יצורים רבים לא פעם תחת קטגוריה אחת, כמו "צבא השמיים" וכיוצא באלו, ואילו בפרק שירה עומד כל יצור בפני עצמו. נקודה זו שבה פרק שירה חורג מן הספרות שקדמה לו מאפשרת לעמוד על הווייתו של החיבור הקשורה להסתכלות הייחודית לו.

בפרק שירה כל יצור אומר דברי שירה מיוחדים – פסוק אחד שנבחר בשבילו. השירה המיוחדת של כל יצור אינה רק דברי שבח כוללים לקב"ה, אלא יש בה זיקה מיוחדת למהותו של היצור האומר אותה. ולפיכך כל תהילה בפרק שירה שונה מחברתה. השירה שכל אחד מהיצורים משמיע אינה מדברת על כבוד הבורא המופשט, אלא נוגעת לגבו וא שאומר אותה, ועל ידיה הוא מבטא את מהותו. במובן זה, פרק שירה אינו עוסק

רק בתהילת האל, אלא גם בברואיו ובהגדרת עולמם של היצורים. פרק שירה, כמו כל יצירה גדולה, עוסק בפרט ובעולמו הפנימי, ובד בבד הדברים המובעים בו הם אוניברסליים. לא פעם אפשר לראות בפרק שירה כיצד פסוק מסוים אינו רק תהילה שמשמיע יצור לקב"ה אלא גם הסבר על חייו, על מהות סבלו ועל תשוקותיו - כל אלה מרוכזים בפסוק אחד מן המקרא. תפיסה זו של פרק שירה משפיעה בהכרח על פרשנותו. הניסיון לפרש את הספר הזה לא על דרך הסוד או הדרוש אלא על דרך הפשט, ולחפש את הזיקה בין כל יצור לפסוק המיוחס לו – מעורר כמה בעיות יסוד.

במשך הדורות שחלפו מאז חיבור הספר – שמות רבים של אילנות, בעלי חיים ועופות נשתכחו או נתעמעמו. זיהוי בעלי החיים והצמחים המופיעים במקרא ובדברי חז"ל הוא נושא רחב שיש לו השלכות הלכתיות ולמדניות רבות. לא פעם קשה או בלתי אפשרי להגיע לזיהוי ודאי של חיה או צמח. בלימוד פרק שירה, הפערים האלו והמרחק שנוצר בין עולם הכרת הטבע העתיק לבין עולמנו שלנו – מקשים על הבנה שלמה של שירת הברואים. לכן בנוגע לכמה וכמה יצורים המופיעים בפרק שירה אנחנו יכולים רק לשער מדוע זו השירה שנבחרה להם. כדי להבין את החיבור נידרש, אפוא, להיכנס לתפיסת הטבע של המקרא ושל חז"ל ולבחון מה שירתו של כל יצור בספר מבטאת.

ספרי המקרא בכללותם אינם באים לתאר את פרטי החיים, ההוויי או הנוף בשלמותו. המקרא מצמצם במילים, ולפיכך יש עולם שלם של דברים שאין לנו מילים לבטאו, דברים שלכאורה אינם חלק מתמונת העולם של המקרא. פרק שירה יכול להיתפס כמעין השלמה לשירת המקרא - הרחבת יריעת הטבע וזיקתו לבורא. יצורים רבים שאין להם מקום בתמונת העולם של המקרא מקבלים בחיבור הזה מילים ואף אישיות. פרק שירה, אם כך, מנסה לבטא את שירת כל היצורים, גם אלו שמחוץ לתמונת העולם המקובלת.

השאלה אם להבין חיבור זה כפשוטו מלווה אותנו מתחילת העיון בו. פרשנים רבים ראו בדברי השבח של היצורים ביטויים מליציים של האדם המתבונן בטבע. לחלופין, אפשר לומר ששירת הברואים בפרק שירה מבטאת תוכן שהיה ראוי שהיצורים האלו יאמרו. בהתבוננות עמוקה אפשר לומר שאף שרוב היצורים שבספר אינם בעלי דעת, תבונה ושפה - בכל זאת בעצם קיומם הם מבטאים רעיונות ממהותם. במשך דורות רבים דנו בני אדם בשאלה הגדולה – האם יצורי

עולם מדברים, או שהשפה ייחודית לבני האדם. שאלה יסודית זו תלויה כמובן בשאלות כיצד מגדירים שפה, מהי תקשורת ומה טיב היחסים בין האדם לטבע. שאלות אלו ניצבות ברקע לפרק שירה, אך החיבור אינו מעניק להן תשובות חד־משמעיות. מבחינה מסוימת, חלק מן הקסם של החיבור קשור בשניות הבסיסית הזאת, בחוסר הפענוח של שאלות היסוד האלו. האומנם ציפור הדרור אכן יודעת מה שהיא אומרת? האם עצם קיומה מבטא את שירת קיומה או שמא המלאך הממונה עליה הוא המעלה דברי שבח, שיר והלל ליוצר הכול? אחרי ככלות הכול, פרק שירה הוא סימפוניה, יצירה רבת פנים וגוונים הקושרת את המציאות כולה, פרט אחר פרט, יצור אחר יצור, אל הקב"ה. השירה המובעת בחיבור זה משאירה לאדם פתח להיכנס ולצרף את קולו שלו ואת הווייתו שלו אל שירת הבריאה כולה.

תפילה לפני פרק שירה

תַּנְיָא רַבִּי אֱלִיעֶזֶר הַגָּדוֹל אוֹמֵר: כָּל הָעוֹסֵק בְּפֶרֶק שִׁירָה זֶה בְּכָל יוֹם מֵעִיד אֲנִי עָלָיו שֶׁהוּא בֶּן הָעוֹלָם הַבָּא, וְנִצּוֹל מִפֶּגַע רָע וּמִיֵּצֶר הָרָע וּמִדִּין קָשֶׁה וּמִשָּׂטָן וּמִכָּל מִינֵי מַשְׁחִית וּמַזִּיקִין. גְּמוֹר בְּכָל לְבָבְךָ וּבְכָל נַפְשְׁךָ לָדַעַת דְּרָכַי, וְלִשְׁמוֹר דַּלְתוֹת הֵיכָלִי וְתוֹרָתִי, וְלִשְׁמוֹר מִצְוֹתַי וְחֻקָּי. נְצוֹר תּוֹרָתִי בְּלִבָּבְךָ וְנֶגֶד עֵינֶיךָ תִּהְיֶה יִרְאָתִי. שְׁמוֹר פִּיךָ וּלְשׁוֹנְךָ מִכָּל חֵטְא וְאַשְׁמָה, וַאֲנִי אֶהְיֶה עִמְּךָ בְּכָל מָקוֹם שֶׁתֵּלֵךְ וַאֲלַמֶּדְךָ שֵׂכֶל וּבִינָה מִכָּל דָּבָר. וֶהֱוֵי יוֹדֵעַ שֶׁכָּל מַה שֶּׁבָּרָא הַקָּדוֹשׁ בָּרוּךְ הוּא לֹא בְרָאוֹ כִּי אִם לִכְבוֹדוֹ, שֶׁנֶּאֱמַר "כֹּל הַנִּקְרָא בִשְׁמִי וְלִכְבוֹדִי בְּרָאתִיו יְצַרְתִּיו אַף עֲשִׂיתִיו" (ישעיה מג, ז):

אָמַר רַבִּי: כָּל הָעוֹסֵק בְּפֶרֶק שִׁירָה בָּעוֹלָם הַזֶּה זוֹכֶה לִלְמוֹד וּלְלַמֵּד לִשְׁמוֹר וְלַעֲשׂוֹת וּלְקַיֵּם, וְתַלְמוּדוֹ מִתְקַיֵּם בְּיָדוֹ, וְנִצּוֹל מִיֵּצֶר הָרָע וּמִפֶּגַע רָע וּמֵחִבּוּט הַקֶּבֶר וּמִדִּינָהּ שֶׁל גֵּיהִנֹּם וּמֵחֶבְלוֹ שֶׁל מָשִׁיחַ, וּמַאֲרִיךְ יָמִים וְזוֹכֶה לִימוֹת הַמָּשִׁיחַ וּלְחַיֵּי הָעוֹלָם הַבָּא:

תַּנְיָא אָמַר רַבִּי אֱלִיעֶזֶר: כָּל הָאוֹמֵר שִׁירָה זוֹ בָּעוֹלָם הַזֶּה זוֹכֶה וְאוֹמְרוֹ לָעוֹלָם הַבָּא, שֶׁנֶּאֱמַר "אָז יָשִׁיר מֹשֶׁה" (שמות טו, א), "שָׁר" לֹא נֶאֱמַר אֶלָּא "יָשִׁיר". מְלַמֵּד שֶׁעָתִיד לוֹמַר (אוֹתוֹ) לֶעָתִיד לָבֹא:

אָמְרוּ רַבּוֹתֵינוּ זִכְרוֹנָם לִבְרָכָה (ילקוט שמעוני סוף תהלים) עַל דָּוִד מֶלֶךְ יִשְׂרָאֵל עָלָיו הַשָּׁלוֹם, בְּשָׁעָה שֶׁסִּיֵּם סֵפֶר תְּהִלִּים זָחָה דַעְתּוֹ עָלָיו, וְאָמַר לִפְנֵי הַקָּדוֹשׁ בָּרוּךְ הוּא: "רִבּוֹנוֹ שֶׁל עוֹלָם יֵשׁ בְּרִיָּה שֶׁבָּרָאתָ בְּעוֹלָמְךָ שֶׁאוֹמֶרֶת שִׁירוֹת וְתִשְׁבָּחוֹת יוֹתֵר מִמֶּנִּי". בְּאוֹתָהּ שָׁעָה נִזְדַּמְּנָה לוֹ צְפַרְדֵּעַ אַחַת, וְאָמְרָה לוֹ: "דָּוִד אַל תָּזוּחַ דַּעְתְּךָ עָלֶיךָ, שֶׁאֲנִי אוֹמֶרֶת שִׁירוֹת וְתִשְׁבָּחוֹת יוֹתֵר מִמְּךָ, וְלֹא עוֹד אֶלָּא כָּל שִׁירָה שֶׁאֲנִי אוֹמֶרֶת מַמְשֶׁלֶת עָלֶיהָ שְׁלֹשֶׁת אֲלָפִים מְשָׁלִים, שֶׁנֶּאֱמַר 'וַיְדַבֵּר שְׁלֹשֶׁת אֲלָפִים מָשָׁל וַיְהִי שִׁירוֹ חֲמִשָּׁה וָאָלֶף' (מלכים א ה, יב). וְלֹא עוֹד אֶלָּא שֶׁאֲנִי עוֹסֶקֶת בְּמִצְוָה גְּדוֹלָה, וְזוּ הִיא הַמִּצְוָה שֶׁאֲנִי עוֹסֶקֶת בָּהּ, יֵשׁ בִּשְׂפַת הַיָּם מִין אֶחָד שֶׁאֵין פַּרְנָסָתוֹ כִּי אִם מִן הַמַּיִם, וּבְשָׁעָה שֶׁהוּא רָעֵב נוֹטְלֵנִי וְאוֹכְלֵנִי. זוּ הִיא הַמִּצְוָה, לְקַיֵּם מַה שֶּׁנֶּאֱמַר 'אִם רָעֵב שֹׂנַאֲךָ הַאֲכִילֵהוּ לָחֶם וְאִם צָמֵא הַשְׁקֵהוּ מָיִם, כִּי גֶחָלִים אַתָּה חֹתֶה עַל רֹאשׁוֹ וַיהֹוָה יְשַׁלֶּם לָךְ' (משלי כה, כא כב), אַל תִּקְרֵי 'יְשַׁלֶּם לָךְ' אֶלָּא 'יַשְׁלִימֶנּוּ לָךְ'":

פרק ראשון

שָׁמַיִם אוֹמְרִים: "הַשָּׁמַיִם מְסַפְּרִים כְּבוֹד אֵל וּמַעֲשֵׂה יָדָיו מַגִּיד הָרָקִיעַ"

(תהלים יט, ב)

במרחב השמיים שוכנות בריות רבות, המכונות לעיתים 'צבא השמיים'. צבא השמיים כולל את השמש, הירח והכוכבים. הבריות האלו מופיעות בהמשך הפרק ומשמיעות דברי שירה נפרדים על פי עניינן ותפקידן. שלא כצבא השמיים, לרקיע השמיים בעצמו יש תפקיד כללי יותר. כפי שנראה מדברי השירה של השמיים, תפקיד רקיע השמיים מנקודת מבטנו הוא להיות 'השמיים שלנו', להיות הדבר הגבוה והעצום שאליו אנו יכולים לשאת את עינינו. הרקיע בעצם נוכחותו מגדיל את האל, הוא משמיע את גדולתו וכבודו ובמובן מסוים הוא משמש קנה מידה לגדולתו. תפקיד זה של השמיים מבוטא היטב בפסוק: "שְׂאוּ מָרוֹם עֵינֵיכֶם וּרְאוּ מִי בָרָא אֵלֶּה" (ישעיה מ, כו). עצם ההתבוננות בשמיים מגלה את מעשה ידיו של הקדוש ברוך הוא ואת כבודו.

כמו שירתם של יצורים רבים בפרק שירה, שירת השמיים איננה רק תוכן המושם בפי השמיים, אלא היא מתארת את עצם הוויית השמיים - סיפור כבודו של הקדוש ברוך הוא. עם זה, שירת השמיים מתאפיינת באפיון ייחודי לה - היצורים בפרק שירה אומרים על פי רוב פסוק המבטא את תוכן דברי השבח שהם מפנים לקדוש ברוך הוא; לעומתם השיר של השמיים מדבר על כך שהשמיים מספרים את כבוד האל. שירת השמיים מבטאת את מהות קיום השמיים - **השמיים** הם ברייה שכל עניינה ותכליתה להיות משל ועדות לגדולתו של הקדוש ברוך הוא. **"הַשָּׁמַיִם מְסַפְּרִים כְּבוֹד אֵל"** משום שזו מהותם, משום שעצם נוכחותם ועצם קיומם מעידים על כבוד האל. **"וּמַעֲשֵׂה יָדָיו מַגִּיד הָרָקִיעַ"** - הרקיע הוא המרחב הכללי של השמיים, ובשירתו הוא מספר שהוא מעשה ידיו של הקדוש ברוך הוא.

אֶרֶץ אוֹמֶרֶת: "לַיהוה הָאָרֶץ וּמְלוֹאָהּ תֵּבֵל וְיֹשְׁבֵי בָהּ"

(תהלים כד, א)

וְאוֹמֵר: "מִכְּנַף הָאָרֶץ זְמִרֹת שָׁמַעְנוּ צְבִי לַצַּדִּיק"

(ישעיה כד, טז)

השמיים והארץ הם שני החלקים הגדולים של המציאות, בשניהם כלולים יצורים רבים ומגוונים, ושניהם מופיעים כאן כהוויות המשמיעות שירה כללית מאוד. בשירת הארץ כלולה שירת כל יושבי הארץ ושירת כל הדברים שחיים ושוכנים על פניה. זוהי שירה שמעלה על נס את עצם קיומה של הארץ ומלואה, את עצם עמידתה וייסודה של הארץ.

שלא כרוב היצורים בפרק שירה, הארץ אומרת שני פסוקים. הפסוק הראשון של הארץ הוא: **"לַיהוה הָאָרֶץ וּמְלוֹאָהּ תֵּבֵל וְיֹשְׁבֵי בָהּ"**, בפסוק זה הארץ מעמידה את עובדת היסוד של קיומה – הארץ ומלואה, התבל וכל היושבים בה – הכול שייך לקדוש ברוך הוא. הפסוק הראשון בשירת הארץ הוא אפוא הצהרת יסוד כללית של הארץ על עצם קיומה.

על גבי שירה כללית זו, יש לארץ, בדומה לשאר הנבראים, שיר פרטי יותר, אישי יותר ובעל תוכן מסוים יותר: **"מִכְּנַף הָאָרֶץ זְמִרֹת שָׁמַעְנוּ צְבִי לַצַּדִּיק"**. הפסוק הזה מתאר כיצד הארץ אומרת זמירות ומשמיעה דברי תהילה לקדוש ברוך הוא. התהילות והזמירות עולות כביכול לא רק ממרכז הארץ אלא מ"כנף הארץ", מקצותיה. הארץ כולה, מכל פינותיה וצדדיה, מן הפינות הנידחות של העולם משמיעה את השיר שלה.

בסוף הפסוק מופיע ביטוי עמום: **"צְבִי לַצַּדִּיק"**. מובנו המילולי הוא פאר, יופי והדר בשביל הצדיק. מצד אחד, אפשר לפרש את סוף הפסוק כשבח על הצדיקים שבארץ. על פי פירוש זה מציאות הצדיקים היא חלק מן השיר של הארץ. היא מתפארת בכך שחיים עליה צדיקים. מצד אחר, הביטוי "צְבִי לַצַּדִּיק" יכול להתפרש על הקדוש ברוך הוא עצמו, המכונה לעיתים בדברי חז"ל "צדיקו של עולם" (ראו למשל בראשית רבה, מט). על פי פירוש זה, השירה והזמרה העולות מכל פינות הארץ הן "צבי לצדיק" – שבח, יופי וכבוד לקדוש ברוך הוא, שמתפאר ומשתבח בשירת הארץ.

גַּן עֵדֶן אוֹמֵר: "עוּרִי צָפוֹן וּבוֹאִי תֵימָן הָפִיחִי גַנִּי יִזְּלוּ בְשָׂמָיו יָבֹא דוֹדִי לְגַנּוֹ וְיֹאכַל פְּרִי מְגָדָיו"

(שיר השירים ד, טז)

הכללת גן העדן בפרק שירה כהוויה האומרת שירה לא אמורה להתמיה. גן עדן מופיע כאן, כמו במקומות נוספים בחז"ל, כהוויה הקיימת באוונו מישור של שאר חלקי הארץ. לא ברור אומנם מהו מקומו ומעמדו המדויק, אם הוא מקום גאוגרפי או מהות השייכת אל סדר אחר של הדברים – כך או כך, גן העדן הוא צד מסוים בעולם, מעין פינה בתוכו, ולכן הוא אומר שירה.

גן העדן אומר: "**עוּרִי צָפוֹן וּבוֹאִי תֵימָן, הָפִיחִי גַנִּי יִזְּלוּ בְשָׂמָיו**". המשורר קורא אל הרוחות – צפון ותימן (דרום) – לנשב בתוך הגן, ואז יזלו בשמיו ואוויר הגן יתבשם, ואחרי זה: "**יָבֹא דוֹדִי לְגַנּוֹ וְיֹאכַל פְּרִי מְגָדָיו**".

גן העדן הוא מצד אחד המקום שבו ניתן שכר לבני האדם הטובים. על פי הנחה זו הפסוק מתאר את ההבטחה שגן העדן מעניק לאדם, ההבטחה שלאחר המוות יגיע האדם הטוב לגן העדן. "דודי", אהובי, הוא האדם שעשה את המוטל עליו, והוא יבוא לגנו ויתענג מפירותיו. מצד אחר, "**יָבֹא דוֹדִי לְגַנּוֹ וְיֹאכַל פְּרִי מְגָדָיו**" יכול לרמוז על האדם הראשון שלאחר שהקדוש ברוך הוא ברא אותו הוא שם אותו בגן העדן. שירת הגן היא שירה המתארת את האדם הראשון שנכנס אליה, ובמובן רחב יותר היא שירה על האדם בכלל, על המין האנושי השב הביתה אל גן העדן.

התלמוד (פסחים צד.) מתאר שגן העדן גדול פי שישים מן הארץ כולה, לכן כשהגן פותח את שעריו ומזמין את כולם לבוא אליו, יש בו מקום לכולם, לכל בני האדם. בבסיס שירת גן העדן עומדת ההנחה שגן העדן הוא הגן של האדם, וכשמגיע הזמן הנכון – גן העדן פורח, מתמלא בריח של בושם ופותח את שעריו לאדם – ואז "**יָבֹא דוֹדִי לְגַנּוֹ וְיֹאכַל פְּרִי מְגָדָיו**".

גֵּיהִנֹּם אוֹמֵר: "כִּי הִשְׂבִּיעַ נֶפֶשׁ שֹׁקֵקָה וְנֶפֶשׁ רְעֵבָה מִלֵּא טוֹב"

(תהלים קז, ט)

כמו גן העדן, הגיהינום גם הוא חלק מתמונת העולם וגם הוא אומר שירה. הגיהינום, כפי שנאמר בתלמוד (פסחים צד.) הוא נחלה עצומה, גדולה יותר מהעולם ואף מגן העדן.

הגיהינום אומר: **"כִּי הִשְׂבִּיעַ נֶפֶשׁ שֹׁקֵקָה וְנֶפֶשׁ רְעֵבָה מִלֵּא טוֹב"**. הגיהינום הוא מעין חור שצריך למלא, ברייה מלאה תשוקה שרוצה לבלוע את הכול. בספר משלי (ל, טו) כתוב: "לַעֲלוּקָה שְׁתֵּי בָנוֹת הַב הַב", הגמרא (עבודה זרה יז.) פירשה שביטוי זה מתאר את הגיהינום ואת תשוקתו. הגיהינום הוא עלוקה אוניברסלית שלעולם אינה יודעת שובע. שמותיו האחרים של הגיהינום מבטאים גם הם את החיסרון המתמיד: שאול, אבדון, צלמוות ובאר שחת. הגיהינום במהותו משתוקק, צמא וחסר – אין לו שום דבר משלו, ולכן הוא זקוק לבני האדם. אל ה'נפש השוקקה והרעבה' הזאת הקדוש ברוך הוא שולח את אלה שראויים להיות בגיהינום, את אלה שהגיהינום הוא מקומם. הגיהינום אומר כביכול: הקדוש ברוך הוא דואג גם לי ולתשוקותיי, אני צריך לבלוע כך וכך בני אדם, והם אכן מגיעים אליי.

מנייתו של הגיהינום עם הבריות האומרות שירה חשובה ועקרונית. שירת השבח של הגיהינום לצד השירים והתשבחות של חיות ויצורים אחרים השייכים לקצות העולם, יוצרים יחד את המכלול שהוא המהות של פרק שירה. פרק שירה עשוי כך שיכיל את הכול, שיישא בתוכו את השירה הבוקעת משני קצוות המציאות: מצד אחד גן העדן שיש בו הכול ולא חסר בו דבר, וכל שנותר לו הוא להזמין את הדוד שיבוא לגנו; ומצד שני הגיהינום, שכולו חיסרון, כולו שממה, כולו צייה – וגם הוא אומר שירה לה' ומודה לו על שהוא משביע את נפשו השוקקה.

מִדְבָּר אוֹמֵר: "יְשֻׂשׂוּם מִדְבָּר וְצִיָּה וְתָגֵל עֲרָבָה וְתִפְרַח כַּחֲבַצָּלֶת"

(ישעיה לה, א)

אחרי הגיהינום בא המדבר, והקשר ביניהם אינו מקרי. בצד מסוים המדבר כמו הגיהינום, הוא גם כן מקום של שממה, של היעדר ושל חיסרון, אלא שלא כגיהנום שירת המדבר אינה שירת ההיעדר אלא שירה של פריחה – המדבר שר על הזמן שבו הוא יוכל לפרוח, לשמוח ולהיות מלא בכל טוב.

המדבר, גם בלשון המקרא, איננו ישימון, מקום ריק מכל דבר, כמו שאנחנו מתארים לעצמנו את מדבריות החול הגדולים או את מדבריות השלג הגדולים; המדבר בארץ ישראל הוא מקום יבש ברוב השנה, אבל בחלק מן השנה הוא מקום צומח ופורח. החלקים המדבריים של ארץ ישראל - מדבר יהודה ומדבריות אחרים, זוכים לעונה של פריחה וצמיחה. יתר על כן, המדבר נקרא כך מלשון הנהגה ומרעה. המדבר הוא המקום שאליו מוליכים את הצאן למרעה. שירת המדבר נושאת בתוכה את הציפייה לעונת הפריחה והירק שבה המדבר מפסיק להיות מקום מאיים או מקום שאובדים בו ונהיה מקום של גילה ושׂשׂון. יש פסוקים רבים שבהם מופיעה המילה מדבר, אך הפסוק המופיע כאן מתייחד בכך שהוא מתאר את שירת המדבר עצמה, המילה **"יְשֻׂשׂוּם"** היא צורה נדירה של הפועל 'לשוש'. **"יְשֻׂשׂוּם מִדְבָּר וְצִיָּה וְתָגֵל עֲרָבָה"** – השׂשׂון של המדבר והגילה של הערבה הם השיר שהם שרים על פריחתם.

שָׂדוֹת אוֹמְרִים: "יהוה בְּחָכְמָה יָסַד אָרֶץ כּוֹנֵן שָׁמַיִם בִּתְבוּנָה"

(משלי ג, יט)

המדבר הוא השטח הלא מעובד, המקום שצומח בעצמו כשבאים אליו הגשמים ומי הנחלים, הוא איננו מקום הגידול המרכזי. המקומות בארץ ישראל שעשויים לצמיחה, לגידול ולפריחה הם השדות. השדות הם במהותם המקום שבני אדם שולטים בו, המקום המתוכנן והמסודר, המקום שעשוי בחוכמה כך שיצמחו בו הגידולים, ולכן השדות אומרים: **"יהוה בְּחָכְמָה יָסַד אָרֶץ"**.

המשך הפסוק: **"כּוֹנֵן שָׁמַיִם בִּתְבוּנָה"** הוא הצד האחר והמשלים של שירת השדות. פרק שירה בכללותו איננו שירה אוניברסלית של כל המקומות בעולם. בארץ ישראל, שהחקלאות שלה תלויה בגשמים, הארץ צריכה להיות מיוסדת בחוכמה, כך שתהיה מוכנה לקבל את הגשמים. השדה הוא המקום שבו גם הארץ מוכנה בשביל להצמיח, וגם השמיים ממטירים בו. לכן זהו השיר של השדות: ראו, הקדוש ברוך הוא עשה בעולמו את השדות, שבהם האדמה מסודרת ועשויה כמו שצריך: באורך, ברוחב, בעומק ובכל מה שצריך; שבהם השמיים יכולים להופיע בתבונה ולהמטיר גשם. זו השלמות של הארץ שהפסוק מתאר.

מַיִם אוֹמְרִים: "לְקוֹל תִּתּוֹ הֲמוֹן מַיִם בַּשָּׁמַיִם וַיַּעֲלֶה נְשִׂאִים מִקְצֵה אָרֶץ"

(ירמיה נא, טז)

פרק זה כולו עוסק בגופים גדולים, ולא בפרטים. אפילו השדות שמדובר בהם כאן אינם שדה אחד, אלא מכלול השדות. שירת המים היא השירה של המים כמכלול. מי הגשמים הם צורת המים הטהורה כי הם מים בלבד, ואילו מים אחרים, כמו ימים, נהרות או מעיינות - באים בצורה מסוימת, ובהם ידובר בנפרד. המים בכלל אלה מי הגשמים, והפסוק מתאר את המחזור שלהם בעולם. הם באים מן הארץ וחוזרים אל הארץ, שוכנים בשמיים ויורדים מהשמיים.

הביטוי **"הֲמוֹן מַיִם בַּשָּׁמַיִם"** עוסק בהמיה של המים, בקול של המים, ולא בכמות שלהם. **"לְקוֹל תִּתּוֹ הֲמוֹן מַיִם בַּשָּׁמַיִם"** - מדובר בהמיית הגשם היורד. המשך הפסוק מתאר איך הגשם מגיע לשמיים: **"וַיַּעַל נְשִׂאִים מִקְצֵה אָרֶץ"**. חז"ל דנים רבות בשאלה מאיפה הגשמים באים - כאן מודגש הצד של ענני הגשם שבאים מקצה הארץ, בשלב הזה המים הם כמעט מהות מופשטת.

שירת המים היא המיית המים עצמם בשעה שהם יורדים - המים שמגיעים לשמיים או שיוצאים מן השמיים שרים, ושירתם היא קול המים. הם אינם שרים שיר מסוים אלא קול המים עצמו, קול מיליוני הטיפות שיורדות על האדמה, הוא השיר של המים.

יַמִּים אוֹמְרִים: "מִקֹּלוֹת מַיִם רַבִּים אַדִּירִים מִשְׁבְּרֵי יָם אַדִּיר בַּמָּרוֹם יהוה"

(תהלים צג, ד)

הימים הם צורה מסוימת של המים. הפסוק של הימים כולל לא רק את דברי השבח שלהם, אלא גם את גוון קול השירה עצמה. קולות המים של הים – **"מַיִם רַבִּים"** – הם הרעש הקבוע של מי הים. על גבי הקול הזה נוסף גם קולם של **"מִשְׁבְּרֵי יָם"**. משברי הים אינם גלים סתם אלא גלי ים אדירים. כאשר הגלים האלה נשברים הם עושים רעש גדול. הגלים הגדולים עם כל מי הים יחד – מדברים, רועשים ואומרים שירה. בפסוק של הים יש שימוש תכוף בצלילי האותיות רי"ש ומ"ם: **"מַיִם רַבִּים אַדִּירִים מִשְׁבְּרֵי יָם"**. הצלילים האלו מזכירים מעט את ההמיה של הים שמפיק צלילים רועמים שאינם בהירים וברורים, בקולות האלו הימים מצטרפים לשירת העולם.

מה השירה של הים אומרת? איזה שבח בא לידי ביטוי ברעש של הגלים ובמשברי הים? היא אומרת: **"אַדִּיר בַּמָּרוֹם יהוה"** – במשברים האדירים של הים רואים את העוצמה של ה', הרעש והקולות מבטאים את הכוח האדיר של הקדוש ברוך הוא.

נְהָרוֹת אוֹמְרִים: "נְהָרוֹת יִמְחֲאוּ כָף יַחַד הָרִים יְרַנֵּנוּ"

(תהלים צח, ח)

כמו בשירת מי הים, הפסוק של הנהרות מְתאר את קול השירה עצמה ולא את תוכנה. מי הים תורמים לשירת הבריאה את הקולות הרועמים - מי הנהרות מוסיפים צליל לגמרי אחר. שלא כנחלים שיכולים להיות נחלי אכזב, נהרות במקרא הם המקומות שיש בהם זרימת מים מתמדת. גלי הנהר נוגעים כל העת בחוף, ולכן קולות הנהר קצובים הרבה יותר מקולות הים - קולות הנהרות לעיתים גבוהים ולעיתים נמוכים ונשמעים לא פעם כמחיאות כף. הצליל הקצוב של הנהרות מוצג כאן כצליל המצטרף לרינת ההרים. לפחות לקליטת האוזן הגשמית - ההרים הם דוממים, ולעמותם הנהרות משמיעים קול מתמיד, השירה שלהם קצבית וכך הם מוסיפים את המקצב לסימפוניה של העולם.

מַעְיָנוֹת אוֹמְרִים: "וְשָׁרִים כְּחֹלְלִים כָּל מַעְיָנַי בָּךְ"

(תהלים פז, ז)

תפיסת השירה הבאה לידי ביטוי בצירוף: "שָׁרִים כְּחֹלְלִים" אופיינית לפרק שירה בכללותו. בדומה לשירת הנהרות, השירה של המעיינות איננה כשירת מקהלה אלא שירה דינמית. **"וְשָׁרִים כְּחֹלְלִים"** פירושו שאלה שמשמיעים קול שירה גם מחוללים, רוקדים. כמו הנהר שמוחא כף, כך המעיין מחולל. מי הנהר זורמים בזרימה יציבה, ומפעם לפעם משמיעים קולות ניכרים. מעיין אינו נובע בדרך כלל בנביעה סדורה, אלא מפכה ויוצא בתנועות קטנות, בדילוגים, המעיין רוקד כביכול בעת שהוא משמיע את שירתו.

צד אחר של שירת המעיין עומדת על סמליות שחורגת מן המסגרת של השירה הקונקרטית והמוחשית של הנהרות והימים. המילה "מַעְיָנַי" בפסוק הזה גזורה מהשורש עי"ן. זהו שורש דו־משמעי, והמדרש כאן משתמש בו - העין היא מצד אחד מעיין מים, ומנגד היא איבר שמסתכל, שמעיין ומתבונן. במובן זה, "מַעְיָנַי" היא גם המחשבה וההסתכלות שלי וגם המקור שלי, המקום שחיי נובעים ממנו. המעיין שאומר שירה אינו רק העין במובן של עין מים, אלא גם העין שרואה. זה המובן של שירת המעיין שאומרת **"כָּל מַעְיָנַי בָּךְ"**: מצד אחד: מחשבותיי והסתכלותי הם רק בך, ומצד אחר: המעיינות שלי נובעים ממך, אתה מקור החיים שלי.

פרק שני

הפרק השני עוסק בשמיים, בצבאם ובדברים
הקשורים בהם, בין בזמן ובין בגוף.

יוֹם אוֹמֵר: "יוֹם לְיוֹם יַבִּיעַ אֹמֶר וְלַיְלָה לְּלַיְלָה יְחַוֶּה דָּעַת"

(תהלים יט, ג)

היום והלילה מתוארים כאן כהוויות שיש להן קיום וממשות. ליום וללילה יש התחלה, אמצע וסוף, הם פועלים ומשפיעים, ולשניהם יש דמויות שונות בתכלית זו מזו. בשירת היום הוא מְדַבֵּר, **"יוֹם לְיוֹם יַבִּיעַ אֹמֶר"** - היום מדבר!

בפסוק הבא באותו פרק בתהלים נאמר: "אֵין אֹמֶר וְאֵין דְּבָרִים בְּלִי נִשְׁמָע קוֹלָם". היום מדבר, אבל אינו מדבר בקול רם, ואף על פי שהוא מדבר כל הזמן - אין שומעים אותו. **"יוֹם לְיוֹם יַבִּיעַ אֹמֶר וְלַיְלָה לְּלַיְלָה יְחַוֶּה דָּעַת"** - יום אחד מספר ליום שאחריו מה התרחש, הוא מביע אומר, הוא מחווה דעת, הם מעבירים זה לזה את האומר ואת הדעת, את מה שהתרחש בעולם באותו היום. הימים אומרים שירה לקדוש ברוך הוא במובן זה שכל יום צובר את החוויות שלו והופך אותן לשירה לקדוש ברוך הוא.

לַיְלָה אוֹמֵר: "לְהַגִּיד בַּבֹּקֶר חַסְדֶּךָ וֶאֱמוּנָתְךָ בַּלֵּילוֹת"

(תהלים צב, ג)

כמו שירת היום, גם שירת הלילה עוסקת בדיבורו של הלילה, אלא שדיבורו נושא אופי אחר משל היום. במדרשי חז"ל ובספרי הסוד הלילה נתפס כזמן לא פשוט. הלילה הוא הזמן החשוך שבו הדברים נסתרים, והאדם שרוי בפחד ובחשש. ביום השמש מאירה, והעולם בהיר וגלוי לעין, בלילה דבר אינו ברור. לכן הלילה הוא הזמן שבו צריך להאמין. בלילה איננו רואים את הדברים בשלמות, ואנו זקוקים לאמונה שהם קיימים. זהו צד אחד של הביטוי: **"וֶאֱמוּנָתְךָ בַּלֵּילוֹת"** - האמונה שגם בלילה שירת העולם נמשכת, והעולם אינו כבה.

מנגד, האמונה ששר עליה הלילה היא תגובה לפחד ולחשש שהחושך מביא עמו. במובן זה, הלילה הוא זמן של חיזוק האמונה. משום כך בתפילת שחרית אומרים "אמת ויציב" ובתפילת ערבית אומרים "אמת ואמונה"; הלילה הוא הזמן של הנסתר ולכן גם של האמונה שמניחה שיש משהו מאחורי הדברים, מאחורי החושך.

שירת היום והלילה היא שירה של שני מצבי הוויה ותודעה שונים זה מזה. היום והלילה מבטאים ביטויים שונים של יצירה ושל התנהגות, ולכן לכל אחד מהם שיר לעצמו. היום מדבר בדיבור בהיר ובולט; ואילו קולות הלילה רכים הרבה יותר, בקולות הלילה אין הדהוד לחוויות עזות, אלא לזיכרונות ולתקוות. הלילה חורג ממובנו הממשי ויכול לבטא גם תקופה של כאב אישי או לאומי, זמן שהשירה שלו מבטאת ציפייה ותקווה לעולם בהיר יותר.

שֶׁמֶשׁ אוֹמֵר: "שֶׁמֶשׁ יָרֵחַ עָמַד זְבֻלָה לְאוֹר חִצֶּיךָ יְהַלֵּכוּ לְנֹגַהּ בְּרַק חֲנִיתֶךָ"

(חבקוק ג, יא)

השמש והירח הם חלק מצבא השמיים, לאמור: היצורים השוכנים בשמיים. שירת השמש אינה רק על הווייתה ופועלה, אלא גם על המקום שבו היא מתקיימת. השמיים קרויים כאן "זבול", זבול הוא מקום, מרחב מסוים שנועד לדבר. כך משתמע למשל מן התפילה ששלמה נושא אחרי שבנה את בית המקדש: "בָּנֹה בָנִיתִי בֵּית זְבֻל לָךְ" (מלכים א ח, יג). הזבול כאן הוא המקום או המשכן שבו שוכנים השמש והירח, מקום המגורים שלהם, המקום שבו הם עומדים לעצמם. השהות של השמש והירח בזבולם הוא המצב הטבעי כביכול, אך כדי למלא את תפקידם להאיר את העולם הם מוכרחים ללכת על פני השמיים, דבר שבא לידי ביטוי בהמשך הפסוק: "**לְאוֹר חִצֶּיךָ יְהַלֵּכוּ לְנֹגַהּ בְּרַק חֲנִיתֶךָ**".

בדברי חז"ל (ראו נדרים לט:) יש רמיזות לכך שהשמש והירח נאלצים כביכול לא להישאר בזבול אלא ללכת ולהאיר בכל מיני מקומות כולל מקומות שאולי אינם מעוניינים להאיר בהם. לעיתים השמש והירח אינם אוהבים את מה שהם רואים בעולם, ולכן יש בתפקיד שלהם היבט של כורח וכפייה.

היבט אחר של שירת השמש נוגע למקור האור של מאורות השמיים. הפסוק מתאר כיצד אור השמש והירח הוא שיקוף של אור שבא מהקדוש ברוך הוא. הפסוק של השמש משבח את הקדוש ברוך הוא על שאור המאורות נובע מאור חיציו של הקדוש ברוך הוא, מברק החנית שלו. מנקודת המבט שלנו השמש היא אור גדול, אבל שירת השמש מתארת כיצד היא מקבלת את אורה מהקדוש ברוך הוא, השמש איננה מאירה את אורה שלה, היא משקפת דרכה את מאיר האור. את החיצים שלו ואת הנוגה של חניתו.

יָרֵחַ אוֹמֶרֶת: "עָשָׂה יָרֵחַ לְמוֹעֲדִים שֶׁמֶשׁ יָדַע מְבוֹאוֹ"

(תהלים קד, יט)

שירת הירח עוסקת בירח עצמו ומתמקדת בתפקיד שהירח משמש לנו - עם ישראל. בתלמוד (ראש השנה כה.) העירו על הפסוק **"שֶׁמֶשׁ יָדַע מְבוֹאוֹ"** - "שמש ידע מבואו, ירח לא ידע מבואו". פירוש הדבר הוא שמבחינה אסטרונומית מסלול הירח, שלא כשמש, הוא קופצני ואינו קבוע לגמרי, עד כדי כך שיש הטוענים שמעולם לא היו שני חודשים באותו האורך בדיוק. העם היהודי חי על פי לוח שבו לירח תפקיד מהותי, המועדים והחגים נקבעים כולם על פי הירח. חוסר היציבות של הירח מדגיש עוד יותר את התלות שלנו בו לקביעת המועדים. הירח שר על אודות התפקיד שלו ואומר: **"עָשָׂה יָרֵחַ לְמוֹעֲדִים"** - אני הוא שקובע את המועדים שלכם, את החגים שלכם ואת הזמן שלכם. השמש - כבודה במקומה מונח, על השמש אפשר לומר **"יָדַע מְבוֹאוֹ"**, היא מבטאת את היציבות של העולם, את המסלול המדויק והקבוע. הירח לעומתה אחראי על התנועה, על חילופי הזמנים בהוויה של עם ישראל, ומשום כך הוא מבטא את מחזורי העלייה והירידה של העולם.

כּוֹכָבִים אוֹמְרִים: "אַתָּה הוּא יהוה לְבַדֶּךָ אַתְּ עָשִׂיתָ אֶת הַשָּׁמַיִם שְׁמֵי הַשָּׁמַיִם וְכָל צְבָאָם הָאָרֶץ וְכָל אֲשֶׁר עָלֶיהָ הַיַּמִּים וְכָל אֲשֶׁר בָּהֶם וְאַתָּה מְחַיֶּה אֶת כֻּלָּם וּצְבָא הַשָּׁמַיִם לְךָ מִשְׁתַּחֲוִים"

(נחמיה ט, ו)

הכוכבים כאן הם אלה שאנחנו רואים בשמיים. ואולם נראה שמרומזת בפסוק גם מסורת חכמים שלפיה המילה כוכבים כוללת גם כוכבים שאינם נראים כלל. בתלמוד (פסחים ב.) מדובר בכוכבים מאירים וכוכבים שאינם מאירים, והתפיסה היא שיש כוכבים משני הסוגים. בני האדם מסוגלים להבחין בעין בלתי מזוינת במעט יותר מאלף כוכבים, אך התחושה האנושית הבסיסית היא שהכוכבים הנראים הם רק מקצת שבמקצת מן הכוכבים הקיימים. כיום, אנו מסוגלים לראות מיליונים רבים של כוכבים, ולכן קל לנו יותר לתפוס את המובן הכולל של 'צבא השמיים', כפי שהוא בא לידי ביטוי בפסוק זה. השירה של הכוכבים היא שירת המכלול העצום של הכוכבים, שירה שמבטאת את השבח הקולקטיבי של הכוכבים כולם.

השיר פותח בהצהרה: "**אַתְּ עָשִׂיתָ אֶת הַשָּׁמַיִם**" – אתה עשית את מכלול המציאות הגדול, ולא רק אותו, אלא גם את "**שְׁמֵי הַשָּׁמַיִם וְכָל צְבָאָם**". הביטוי הזה מצייר את המכלול הגדול ביותר שיכול להיות בעולם: כל השמיים, את שמי השמיים, את כל הסוגים של השמיים. בלשוננו היינו אולי אומרים: "את שביל החלב, ואת מה שמעבר לשביל החלב. את הגלקסיה שלנו, את הגלקסיות האחרות, ואת מה שמעבר להן". את כל מה שאנחנו רואים ואת כל השפעה האדירה שמעבר למה שאנחנו רואים ומשיגים. זהו ביטוי שמדגיש מצד אחד את כל מה שנמצא בעולם הגלוי, ונושא בתוכו את הרמיזה למה שמעבר.

שירת הכוכבים אינה נעצרת בהצהרה הזאת אלא ממשיכה הלאה וקובעת: "**וְאַתָּה מְחַיֶּה אֶת כֻּלָּם**". אתה עשית אותם, ולא זו אף זו, אתה מחיה את כולם. זהו שבח שאינו צריך להיאמר על יצורים חיים ופועלים, אולם זוהי אמירה חשובה ועקרונית דווקא בנוגע לשמיים ולשמי השמיים שקיומם נראה לנו נצחי וקבוע.

הביטוי האחרון בפסוק קושר את דברי השבח הרבים בפסוק לעניינו הכולל של פרק שירה. הרעיון המובע כאן הוא שכל צבא השמיים משתחווה לה' ואומר יחד שירה גדולה אחת. רעיון זה קשור לתפיסה שמערכת הכוכבים פונה ומשתחווה למערב, שהוא הצד של השכינה.

עָבִים אוֹמְרִים: "יָשֶׁת חֹשֶׁךְ סִתְרוֹ סְבִיבוֹתָיו סֻכָּתוֹ חֶשְׁכַת מַיִם עָבֵי שְׁחָקִים"

(תהלים יח, יב)

שירת העבים יורדת מן התחום העליון של שמי השמיים ועוסקת בצדדים נמוכים יותר של השמיים. העבים הם העננים הכבדים, ענני הגשם. הביטוי **"חֶשְׁכַת מַיִם"** מופיע בספר שמואל בכתיב אחר מעט: "חַשְׁרַת מַיִם" (שמואל ב כב, יב), והוא מתאר את העבים כנושאי הגשם, כמכלים מלאים במים. העבים מצד אחד מאפילים את העולם, הם עושים **"חֹשֶׁךְ סִתְרוֹ"**, מצד אחר, העבים האלו הם המביאים את הגשם. שירת ענני הגשם ממשית מאוד ומתארת את השבח שלהם כיצורים - עבים העשויים חושך, הסתר ומים.

עַנְנֵי כָבוֹד אוֹמְרִים: "אַף בְּרִי יַטְרִיחַ עָב יָפִיץ עֲנַן אוֹרוֹ"

(איוב לז, יא)

במקרא ענני הכבוד הם תופעה, הם מלווים את מקום השכינה, את המשכן, ומקיפים אותו כל הזמן. אולם כאן נראה שענני הכבוד אינם בריאה חד־פעמית אלא תופעה מתמשכת, הוויות שקיימות בכל עת ואומרות שירה.

ענני הכבוד אינם ברואים של מטה, וגם אינם ברואים של מעלה. הם אינם מלאכים, אלא מעין הארות מלמעלה המופיעות כעננים מאירים. חלקו הראשון של הפסוק **"אַף בְּרִי יַטְרִיחַ עָב"** אינו לגמרי ברור. יש שפירשו ש"אַף בְּרִי" הוא שם של מלאך שמפעיל את העב כדי ש**"יָפִיץ עֲנַן אוֹרוֹ"**; ויש שפירשו ש"אַף בְּרִי" הוא תיאור של יום בהיר שאף בו הקדוש ברוך הוא יכול להטעין ענן במטען של גשם. הפסוק בהקשרו כאן הוא שירתם של ענני הכבוד, וברור שאין מדובר בעננים רגילים כדוגמת העבים שהוזכרו לעיל – ענני הגשם שעושים חושך. העננים בפסוק זה הם ענני הכבוד – עננים שמסתירים אך גם מאירים. **"יָפִיץ עֲנַן אוֹרוֹ"** – אלה ענני הכבוד, עננים שנושאים איתם אור.

ענני הכבוד מופיעים כאן במכלול בריות העולם. הם אינם בריות רגילות, אבל בכל זאת שייכים למציאות ופועלים בה. ענני הכבוד נעלמו לכאורה מתמונת המציאות שלנו, הם אינם מוזכרים מאז תקופת המקרא ולא נאמר לאן הם הלכו. נראה שבעולמנו כיום אין עוד מי שראוי לעווי כבוד. ענני הכבוד מחכים במקום נסתר לזמן שבו שוב ילוו את מי שצריך אותם וראוי להם.

רוּחַ אוֹמֵר: "אֹמַר לַצָּפוֹן תֵּנִי וּלְתֵימָן אַל תִּכְלָאִי הָבִיאִי בָנַי מֵרָחוֹק וּבְנוֹתַי מִקְצֵה הָאָרֶץ"

(ישעיה מג, ו)

הרוחות הן בריות שיש בהן גם צד ממשי בעולם וגם צד סמלי. השיר של הרוח נאמר למעשה אל הרוח. הנביא אומר לרוח הצפונית: **"תֵּנִי"**, ולרוח הדרומית: **"אַל תִּכְלָאִי"**, אל תעצרי בעצמך. יש רוח שבאה מצפון ורוח שבאה מדרום. ברגיל, שתי הרוחות מתנגשות זו בזו, אבל בפסוק זה הן מתבקשות לעבוד יחד. הנביא אומר שבצירופן הרוחות הן הכלים של השבת ישראל למקומם. הרוחות נתפסות כשליחות של הקדוש ברוך הוא, ושליחי הקדוש ברוך הוא צריכים לפעמים לעשות דברים שחורגים מן הסדר הרגיל. רוחות צפון ותימן נדרשות לעבוד יחד, להיות לרוח אחת ולמלא תפקיד אחד: **"הָבִיאִי בָנַי מֵרָחוֹק וּבְנוֹתַי מִקְצֵה הָאָרֶץ"**. הרוח צריכה להחזיר את ישראל מגלותם. הבנים רחוקים בקצות הארץ, ורק הרוח יכולה להגיע עד קצה הארץ.

שירת הרוח נותנת לרוח כיוון, יעד ומשימה שהיא מייחלת לו. במקום שרוח אחת תתחרה ברעותה, רוחות השמיים צריכות לעבוד יחד ולחולל את קיבוץ הגלויות. הגלויות באות מארבע כנפות הארץ, מכל הקצוות ומכל הכיוונים של העולם – רק הרוח תביא את כולם חזרה למקומם.

בְּרָקִים אוֹמְרִים: "בְּרָקִים לַמָּטָר עָשָׂה מוֹצֵא רוּחַ מֵאוֹצְרוֹתָיו"

(תהלים קלה, ז)

הברקים המתוארים כאן נעשים בשביל הגשם, כביכול בעקבותיהם בא הגשם. אומנם העננים הם שמביאים את הגשם, אך הברקים מלווים אותו באורם המסנוור.

הפסוק מתאר את סערת הגשם הכוללת את הרוחות והמטר, ובתוך כך הברקים ממלאים את תפקידם בהבאת הגשם. **"בְּרָקִים לַמָּטָר עָשָׂה"** - הברקים אינם מאיימים או מפחידים בתיאור זה, אלא הם בעלי תפקיד חשוב בהבאת המטר. הרעיון העומד בבסיס חלק ניכר מפרק שירה הוא שהיצורים השונים משתבחים בתועלת שהם מביאים לעולם ובתפקיד המיוחד שהם ממלאים, תפקיד זה הוא תמצית שירתם. שירת הברקים היא שירה על הזכות שיש להם להצטרף אל הרוח ולהביא את המטר.

טַל אוֹמֵר: "אֶהְיֶה כַטַּל לְיִשְׂרָאֵל יִפְרַח כַּשּׁוֹשַׁנָּה וְיַךְ שָׁרָשָׁיו כַּלְּבָנוֹן"

(הושע יד, ו)

הטל אינו יורד כמו גשם והוא נראה לעין דווקא על הארץ, ובכל זאת הוא נמנה כאן עם הבריות השייכות לתחום של מעלה.

הטל פותח את שירתו במילים **"אֶהְיֶה כַטַּל לְיִשְׂרָאֵל"** - אלה דברים שהקדוש ברוך הוא אומר לעם ישראל. הטל מזכיר בשירתו שהוא דימוי לברכה מיוחדת של הקדוש ברוך הוא לישראל. בדרשת החכמים (תענית ג.) על הפסוק הזה הם מסבירים שהטל אינו תלוי בזמנים, בעונות ובעננים כגשם, אלא הוא קיים תמיד, הוא אינו נעצר. הטל קבוע ויציב ולכן מבטא במהותו את מתנת ה' שאינה חדלה לעולם. גם אם הגשמים לא באו לפרנס את הפרחים ואת העצים, הטל לפחות קיים. יתר על כן, הטל הוא ברכה שאין בה קללה או פגם, הוויה שיש בה רק טוב בלי חסרונות. לכן הטל הוא הסמל של ההשפעה הבאה משמיים. הטל יורד, השפע יורד לעם ישראל, ואזי **"יִשְׂרָאֵל יִפְרַח כַּשּׁוֹשַׁנָּה"**, ושורשיו יעמיקו כשורשי העצים. זהו שירו של הטל, שיר שמתאר את השפע בטהרתו.

גְּשָׁמִים אוֹמְרִים: "גֶּשֶׁם נְדָבוֹת תָּנִיף אֱלֹהִים נַחֲלָתְךָ וְנִלְאָה אַתָּה כוֹנַנְתָּהּ"

(תהלים סח, י)

אחרי הטל בא הגשם, והוא מונגד כאן לטל. הטל הוא קבוע ויש בו ממד של מסתורין – הוא מופיע רק בלילה. לעומתו, כשהגשמים יורדים רואים אותם, רואים את התנופה שלהם.

"**גֶּשֶׁם נְדָבוֹת תָּנִיף**" – משמעות הפועל 'תניף' הוא לנופף, להזיז ולהניע. גשם הנדבות הוא גשם של ברכה ונדבה שיורדות ומותזות כביכול לעולם. "**נַחֲלָתְךָ וְנִלְאָה**", הנחלה שלך, החלק שנתייגע, שהתעייף ונלאה, "**אַתָּה כוֹנַנְתָּהּ**", אתה מעמיד אותה ומעניק לה כוח וברכה. בפסוק הגשמים מתוארים כשפע של ברכה הבאה בתנופה גדולה מלמעלה, הוויה שיש בה גאולה והקמה מחדש.

בפסוקי פרק שירה לעיתים מתוארת השירה של הברואים מנקודת מבטם, לעיתים השירה מבטאת את תפקיד הברייה בחיי האדם או בעולם ובמקרים אחרים זוהי שירה אלגורית הקשורה בעם ישראל ובמאורעותיו. שירת הגשם אינה עוסקת בצד החקלאי או המטאורולוגי של הגשם, שירת הגשם, כמו גם שירת הטל היא סימבולית ומבטאת את היחסים בין הקדוש ברוך הוא ועם ישראל - הגשם שר את שירת השפע הניתך מלמעלה כדי לכונן מחדש את נחלת ה' העייפה.

פרק שלישי

הפרק השלישי עוסק בשירת הצמחים. הפרק בעיקרו מביא את שירתן של קבוצות צמחים כלליות, ולעיתים גם את שירתם של צמחים מסוימים.

אִילָנוֹת שֶׁבַּשָּׂדֶה אוֹמְרִים: "אָז יְרַנְּנוּ עֲצֵי הַיָּעַר מִלִּפְנֵי יהוה כִּי בָא לִשְׁפּוֹט אֶת הָאָרֶץ"

(דברי הימים א טז, לג)

אילנות שבשדה הם ככל הנראה עצים ממינים שונים שאינם עצי פרי אלא אילנות סרק. לאילנות סרק יש הגדרה ואף מעמד הלכתי השונה ממעמדם של עצי פרי. את אילנות הפרי, להבדיל מאילנות הסרק, אין להשחית אפילו בעת מצור על עיר.

מבחינה מסוימת ההבחנה בין אילנות עושי פרי לאילנות סרק נובעת מן ההסתכלות האנושית: כל האילנות עושים פרי, אלא שעל פי רוב איננו מסוגלים לאכול את פירותיהם. אילנות של עצי פרי הם אפוא אילנות שאת פריים אנחנו אוכלים. מנקודת המבט האנושית אילנות הסרק אינם מושלמים. מסיפור הבריאה משתמע שכל מיני האילנות היו צריכים להיות "עֹשֶׂה פְּרִי לְמִינוֹ" (בראשית א, יא), אלא שלא כל העצים זכו לשלמות זו, ורק לעתיד לבוא היא תתגשם. כבר אמרו חכמים (כתובות קיב:) שלעתיד לבוא גם אילנות סרק יעשו פירות. ייתכן שיש בשירת האילנות שכאן רמז על העתיד.

האילנות שבשדה אומרים **"אָז יְרַנְּנוּ עֲצֵי הַיָּעַר"** – בפסוק זה מופיע בפירוש הרעיון העקרוני של פרק שירה שכל היצורים אומרים שירה. רינת הצמחים בפסוק הזה אינה שירת היום־יום של האילנות אלא שירה על העתיד לבוא. השירה בפסוק היא תגובה של העצים להתגלות הקדוש ברוך הוא בעת הגאולה. אז, כאשר תבוא הגאולה, ירננו עצי היער, לכבוד ה' שבא לשפוט את הארץ. הפסוק מתאר בכוונה דווקא את **"עצי היער"**, עצי הסרק (ראו ויקרא רבה אמור, פרשה ל), שאינם מכובדים במיוחד, ועליהם הוא אומר שהם ירננו, ידברו וישירו, **"מִלִּפְנֵי יהוה כִּי בָא לִשְׁפּוֹט אֶת הָאָרֶץ"**. האילנות מבשרים את הגאולה ושמחים בה משום שבזמן הגאולה גם עצי היער עולים למעלה גבוהה יותר. עצי היער נטולי הפרי שלכאורה אינם שותפים לחיים האנושיים – עתידים גם הם להצטרף לשירת הגאולה.

גֶּפֶן אוֹמֶרֶת: "כֹּה אָמַר יהוה כַּאֲשֶׁר יִמָּצֵא הַתִּירוֹשׁ בָּאֶשְׁכּוֹל וְאָמַר אַל תַּשְׁחִיתֵהוּ כִּי בְרָכָה בּוֹ כֵּן אֶעֱשֶׂה לְמַעַן עֲבָדַי לְבִלְתִּי הַשְׁחִית הַכֹּל"

(ישעיה סה, ח)

לאחר הקבוצה הכללית של אילנות השדה, מגיעה שירתו של אילן שיש לו שם וייחוד כשלעצמו. סדר הופעת העצים בפרק מבטא ככל הנראה את מדרג החשיבות והקדימות של האילנות.

הגפן בפסוק היא משל לעם ישראל. **"כַּאֲשֶׁר יִמָּצֵא הַתִּירוֹשׁ בָּאֶשְׁכּוֹל וְאָמַר אַל תַּשְׁחִיתֵהוּ"** - כשם שבאשכול הגפן ישנו תירוש, יש בו ברכה, וצריך להיזהר שלא להשחית אותו, כך גם בעם ישראל - **"כֵּן אֶעֱשֶׂה לְמַעַן עֲבָדַי לְבִלְתִּי הַשְׁחִית הַכֹּל"**.

הדימוי של עם ישראל לגפן רווח במקומות רבים: החל ב"כֶּרֶם הָיָה לִידִידִי בְּקֶרֶן בֶּן שָׁמֶן" (ישעיה ה, א); עבור בפרק טו ביחזקאל שכולו מדמה את עם ישראל לגפן; וכלה בדימוי מתהילים "גֶּפֶן מִמִּצְרַיִם תַּסִּיעַ" (תהלים פ, ט) - שגם בו הגפן מסמלת את עם ישראל. הדימויים של הגפן בתנ"ך מרובים לעומת דימויים של עצים אחרים. כך למשל בתיאור המשפחה המאושרת האישה מדומה לגפן - "אֶשְׁתְּךָ כְּגֶפֶן פֹּרִיָּה בְּיַרְכְּתֵי בֵיתֶךָ" (תהלים קכח, ג). הגפן שבתוך הבית היא ביטוי לכנסת ישראל, היא הצמח הלאומי שלנו, ולכן היא אינה שרה את השיר שלה אלא את השיר שלנו, שירת ישראל.

מכיוון אחר, נראה שבנוגע לעצי פרי אחרים נשאלת השאלה אם העץ נתן פריו או לא נתן פריו. ולעומתם הגפן רגישה יותר, ואינה מוציאה תמיד את הפירות הראויים, ולכן היא צריכה זהירות ותשומת לב שלא תושחת, ושהברכה שבה תבוא לידי ביטוי. סיום הפסוק **"לְבִלְתִּי הַשְׁחִית הַכֹּל"** איננו מבטא נוטה מוחלטת, אך הוא מציע תקווה לנוכח כל הצרות והבעיות של ישראל. התקווה הזאת היא השירה של הגפן, שירת הפרי הזוכה לשמירה.

תְּאֵנָה אוֹמֶרֶת: "נֹצֵר תְּאֵנָה יֹאכַל פִּרְיָהּ"

(משלי כז, יח)

התאנה היא עץ חשוב, מבכירי הפירות של ארץ ישראל. שירת התאנה כוללת מוסר השכל ודברי שבח לעצמה. **"נֹצֵר תְּאֵנָה"** - מי שדואג לתאנה, מי ששומר אותה, הוא ש**"יֹאכַל פִּרְיָהּ"**. הנאה שלמה מפירות התאנה כרוכה במאמץ מיוחד, משום שפירותיה אינם מבשילים בבת אחת. לכן אי אפשר להסתפק בכך שהתאנה תצמח מאליה, אלא יש לנצור אותה, לעקוב אחריה בתשומת לב כדי לארות ממנה את הפירות בזמן. בשירתה, התאנה אומרת שהעץ אומנם עושה את תבואותיו ומבשיל את פירותיו, אבל בסופו של דבר יאכל את הפרי מי שנוצר את התאנה, מי ששומר עליה שלא תושחת. שירת התאנה היא שירה של לקח ושל מוסר, שירה שעוסקת בפרי, בשכר המזומן למי שמוכן לעמול ולנצור את הדברים החשובים.

רִמּוֹן אוֹמֵר: "כְּפֶלַח הָרִמּוֹן רַקָּתֵךְ מִבַּעַד לְצַמָּתֵךְ"

(שיר השירים ד, ג)

הרימון הוא מפירות ארץ ישראל המובהקים, ובפסוקי שיר השירים הוא משמש סמל לעם ישראל. שלא כעצים אחרים, ענפי הרימון וגזעו דקים וחלשים, ובשל כך אי אפשר להשתמש בעץ עצמו, אף שהיו משתמשים בענפיו הישרים לשיפוד לצליית קורבן הפסח (ראו משנה פסחים ז, א). שירת הרימון מתמקדת אפוא בפרי הרימון, ולא בעץ, שכן הוא פרי בולט ומרשים ובשל כך הוא משמש סמל ליופי יוצא מן הכלל.

"**פֶּלַח הָרִמּוֹן**" הוא הרימון כאשר הוא פתוח למחצה ואפשר לראות את יופי הפרי הנובע מהניגודיות בין מראה קליפתו החיצונית המחוספסת ובין תוכו מלא הגרעינים האדומים הבורקים בינות לדפנות הלבנות. פלח הרימון על צבעיו וצורותיו, בגוני האדום והלבן המעורבים יחד הוא ביטוי לדבר יפה במיוחד, ליופי משוכלל.

בפסוק "**כְּפֶלַח הָרִמּוֹן רַקָּתֵךְ**" יש שבח לישראל שיש בהם יופי ועונג מיוחדים, ומנגד יש בו גם כמו בכל דימוי של שבח, שבח לרימון עצמו, כביכול גם הוא נהנה מהמחמאה הזאת. כשמשווים דבר אחד לאחר, שניהם מקבלים את השבח. לכן הרימון שר "**כְּפֶלַח הָרִמּוֹן רַקָּתֵךְ**". שירת הרימון היא השירה של דימוי היופי המיוחד שנמשלו בני ישראל אליו.

תָּמָר אוֹמֵר: "צַדִּיק כַּתָּמָר יִפְרָח כְּאֶרֶז בַּלְּבָנוֹן יִשְׂגֶּה"

(תהלים צב, יג)

התמר גם הוא עץ חשוב מעצי ארץ ישראל, הוא אחד משבעת המינים וחשיבותו מתבטאת בכמה תחומים. הדבש שמופיע בתורה (ראו למשל: "אֶרֶץ זָבַת חָלָב וּדְבָשׁ" - שמות ג, ח ועוד) הוא עסיס של התמרים, ובענפי עץ התמר מקיימים את מצוות הלולב. כאן בפרק שירה מדובר דווקא על גידולו של עץ התמר, ולא על פירותיו.

בפסוק **"צַדִּיק כַּתָּמָר יִפְרָח"** לא מדובר בפריחת תפרחת התמר; משום שאף שהתמר פורח, פרחיו אינם מרשימים מאוד, אינם יפים במיוחד והשימוש השכיח בהם בתקופות קדומות היה ליצירת מטאטאים, שהיו קרויים 'מכבדות'. פריחת התמר שמדובר בה בפסוק היא גידולו של העץ עצמו. מבחינה בוטנית התמר שונה מעצים אחרים באופן צמיחתו. התמר הוא עץ ניכר, הוא גבוה מאוד ורואים אותו מרחוק. הוא אומנם אינו מרשים בגודלו **"כְּאֶרֶז בַּלְּבָנוֹן"**, שהוא עץ גדול הרבה יותר, אבל שלא כארז, התמר נותן פירות אכילים והוא גם עץ שמאריך ימים.

"צַדִּיק כַּתָּמָר יִפְרָח" פירושו שהצדיק יפרח, ייתן פרי ויאריך ימים כמו עצי התמר. בחלקו השני של הפסוק מופיע הארז, ששייך לאילנות השדה, אבל בהקשרו כאן השבח שלו דומה: הצדיק מיתמר ועולה למעלה, לגובה, כמו עץ התמר ועץ הארז. שירת התמר היא שירת השגשוג, ההיתמרות וההינשאות של הצדיק שנמשל לתמר.

תַּפּוּחַ אוֹמֵר: "כְּתַפּוּחַ בַּעֲצֵי הַיַּעַר כֵּן דּוֹדִי בֵּין הַבָּנִים בְּצִלּוֹ חִמַּדְתִּי וְיָשַׁבְתִּי וּפִרְיוֹ מָתוֹק לְחִכִּי"

(שיר השירים ב, ג)

מפסוקים אחרים נראה שאף שהיו מטעים שלמים של עצי תפוח, בעיקרו של דבר התפוח הוא עץ שגדל ביער, וביער עץ התפוח בולט בהחלט. "**כְּתַפּוּחַ בַּעֲצֵי הַיַּעַר**" - רוב העצים שגדלים ביערות ארץ ישראל הם עצים בעלי עלים יציבים, לא נשירים. אצל התפוח, לעומת זאת, אפשר לראות את כל התהליך: נשירת העלים בחורף; הצמיחה המחודשת פעם בשנה; הפריחה הנהדרת; ולבסוף – הוצאת הפירות. לעץ התפוח יש גם צל וגם פרי, וטוב לשבת בצילו. הוא איננו סתם עץ ביער; הוא עץ ביער שיש לו צל ויש לו גם ריח טוב. מפסוקים אחרים בשיר השירים (ראו שיר השירים ז, ט) נראה שמדובר בזן של תפוח שאולי אינו מצוי כיום בארץ – זן ריחני הרבה יותר מזן התפוחים שיש בימינו.

התפוח בפסוק הזה הוא משל וסמל ל"**דּוֹדִי בֵּין הַבָּנִים**". הדוד, בשיר השירים הוא כינוי לקדוש ברוך הוא – הבולטות של עץ התפוח בעצי היער הוא משל לקדוש ברוך הוא. שירת התפוח היא שירה כפולה, יש בה שבח של התפוח וכן שבח שכנסת ישראל משבחת את הקדוש ברוך הוא.

שִׁבֹּלֶת חִטִּים אוֹמֶרֶת: "שִׁיר הַמַּעֲלוֹת מִמַּעֲמַקִּים קְרָאתִיךָ יהוה"

(תהלים קל, א)

לאחר האילנות החשובים הפרק עובר לתאר את שירתם של צמחים אחרים, קטנים יותר, אלו הסמוכים יותר אל האדמה. את המחלקה הזאת הוא פותח בצמח החשוב ביותר - שיבולת חיטים.

השירה היא שירת השיבולת, משום שאף על פי שכל גרגיר וגרגיר של החיטה הוא חשוב, הם אינם עומדים בפני עצמם אלא בשעת הזריעה בלבד. שיבולת החיטים היא צורתה השלמה והמלאה של החיטה. שירת השיבולת מורכבת. השיבולת אומרת: **"מִמַּעֲמַקִּים קְרָאתִיךָ יהוה"**. אפשר לומר שהסיפור של השיבולת בנוי על המעמקים. לפני שהשיבולת נזרעת, חורשים את האדמה לעומקה. בהשוואה לזרעים אחרים, שיבולת החיטים נזרעת גם בימינו אנו עמוק באדמה. החיטה נזרעת במעמקים, ומשם עליה לצמוח לבדה, לעלות מן האדמה, לעשות פירות ולהזין את בני האדם. שירה של שיבולת החיטים הוא שיר תפילה העולה ממעמקי האדמה.

שִׁבֹּלֶת שְׂעוֹרִים אוֹמֶרֶת: "תְּפִלָּה לְעָנִי כִי יַעֲטֹף וְלִפְנֵי יהוה יִשְׁפֹּךְ שִׂיחוֹ"

(תהלים קב, א)

השעורה היא אחת מפירות הארץ החשובים, ובכל זאת אפשר להגדיר אותה 'קרוב המשפחה העני של החיטה'. היא איננה טעימה כמו החיטה, ובכלל אינה מאכל אדם טיפוסי. בני אדם בוודאי השתמשו בשעורים גם למאכל לעצמם – קצרו, טחנו ואפו לחם שעורים, אבל נראה שבעיקר גידלו אותה לצורך מאכל בהמות. היו זמנים שבהם כיבדו יותר את השעורה מפני שהיא דורשת פחות משאבים מהחיטה, וגידולה יציב יותר, אך בסך הכול השעורה תמיד הייתה ביטוי של עוני ושל דרגה נמוכה.

לפיכך, הסמל של השעורה מתאים מאוד לשירה שמופיעה כאן: **"תְּפִלָּה לְעָנִי כִי יַעֲטֹף וְלִפְנֵי יהוה יִשְׁפֹּךְ שִׂיחוֹ"**. השיבולת היא העני שלא שמים לב אליו, שלא מכבדים אותו ושאין לו אל מי לפנות. ייתכן שהמילה "יעטוף" מרמזת על מבנה השיבולת – יש לה גרעין עטוף במלענים (קליפות זיפניות קוצניות). תמונת השעורה מזכירה אולי עני עטוף בבגדיו ועומד לפני הקדוש ברוך הוא. שירת השעורה היא תפילת העני הדחוי והחסר שעומד ומבקש עזרה וסיוע מהקדוש ברוך הוא.

שְׁאָר הַשִּׁבּוֹלִים אוֹמְרִים: "לָבְשׁוּ כָרִים הַצֹּאן וַעֲמָקִים יַעַטְפוּ בָר יִתְרוֹעֲעוּ אַף יָשִׁירוּ"

(תהלים סה, יד)

את שאר השיבולים אפשר לראות בכל שדה בארץ. גם בשדות תבואה זורעים במקרים רבים מינים אחרים של שיבולים. השיבולים האלו אינן כוללות את החיטה והשעורה, וגם לא בהכרח את שאר מיני הדגן המובאים פעמים רבות במשנה (ראו למשל פסחים ב, ה וכלאיים א, א) – שיפון, כוסמת ושיבולת שועל. מדובר בשיבולים שהן חשיבותן החקלאית הן חשיבותן בחברה היא צדדית, ובמידה רבה הן גדלות בר גם בשדות שאינם שדות תבואה מובהקים.

"לָבְשׁוּ כָרִים הַצֹּאן" – שירת השיבולים מתארת כיצד כרי הדשא 'התלבשו' והתמלאו בצאן, **"וַעֲמָקִים יַעַטְפוּ בָר"** – כיצד העמקים התעטפו בתבואה. הצאן מילא את הכרים, משום שזה המרעה שלו, והשיבולים הרבות כיסו את העמקים. כולם יחד **"יִתְרוֹעֲעוּ אַף יָשִׁירוּ"**, שיתפו פעולה ושרו. השיר של השיבולים מבטא את הרוח הכללית של פרק שירה, את התמונה הגדולה והפסטורלית של עמקים וכרי דשא, בעלי חיים וצמחי הארץ אומרים יחד שירה ושבח לקדוש ברוך הוא.

יְרָקוֹת שֶׁבַּשָּׂדֶה אוֹמְרִים: "תְּלָמֶיהָ רַוֵּה נַחֵת גְּדוּדֶהָ בִּרְבִיבִים תְּמֹגְגֶנָּה צִמְחָהּ תְּבָרֵךְ"

(תהלים סה, יא)

המונח "ירקות" נוגע בדרך כלל לצמחים ירוקים שנאכלים, ולא לכלל פירות האדמה. ירקות השדה הם ירקות כמו חסה, כרוב, בצל ושום. אולם אפשר גם להגדיר, וכך נראה שהכוונה היא כאן, ש"ירקות שבשדה" הם כל מיני הירקות הנאכלים; לא דברים שצומחים סתם כך, אלא פירות האדמה שמגדלים בני האדם לצורך אכילתם. הם אומרים שירה על מה ששייך לעניינם ולמקומם, השירה שלהם היא תפילה לברכה ולצמיחה של אדמת הארץ.

הירקות אומרים: את **"תְּלָמֶיהָ"** של הארץ **"רַוֵּה"** נא בגשמים. **"נַחֵת"**, תן נחת, או לפי אפשרות אחרת, הורד מים, ל**"גְּדוּדֶיהָ"** – לחריציה ועמקיה. **"בִּרְבִיבִים"**, בטיפות גשם קטנות, **"תְּמֹגְגֶנָּה"** – תרכך אותה או תציף אותה. לאחר כל זה הם מבקשים: **"צִמְחָהּ תְּבָרֵךְ"** - ברך אותנו, את ירקות השדה. ירקות הגינה רוצים שהתלמים יהיו רוויים בנחת, שהגשמים ירדו, ושהצמחים יגדלו ויצמחו. שירתם מתפללת לגשם, למים שירוו את האדמה ולשגשוגה של ארץ ישראל.

דְּשָׁאִים אוֹמְרִים: ״יְהִי כְבוֹד יהוה לְעוֹלָם יִשְׂמַח יהוה בְּמַעֲשָׂיו״

(תהלים קד, לא)

דשאים הם העשבים שאינם מאכל אדם שמקצתם ראויים אולי למאכל בהמה. כפי שרש"י מבין בפירושו לתורה (בראשית א, יא) נראה ש'דשא' אין פירושו עשבים מסוימים, אלא הוא קבוצה של עשבים רבים שצומחים יחד, מה שנקרא 'כר דשא'. אף שבדברי תורה וגם בדברי הנביאים ההגדרה המדויקת למונח אינה ברורה לגמרי, על כל פנים – דשאים הם עשבים שצומחים בכל מקום.

הדשאים שרים: **"יְהִי כְבוֹד יהוה לְעוֹלָם"** – כבודו וגדולתו של הקדוש ברוך הוא יעמדו לעד. **"יִשְׂמַח יהוה בְּמַעֲשָׂיו"** – ביצוריו ובפעולותיו. הפסוק הזה בהקשרו בפרק שירה נוגע למראה כרי הדשא, לתחושת הנחת והמנוחה שהם מעניקים לבני האדם. כאשר הדשאים צומחים הם מסמנים לנו שיש ברכה בעולם, אף שאיננו אוכלים אותם. הדשאים הם מעשיו של הקדוש ברוך הוא, הם מחוץ לתחום הפעולה האנושית אך הם מעוררים שמחה וכבוד.

באופן עמוק יותר, שירת הדשאים קשורה קשר מיוחד למאמר של היום השלישי לבריאת העולם, בבריאת הצמחים: "תַּדְשֵׁא הָאָרֶץ דֶּשֶׁא עֵשֶׂב מַזְרִיעַ זֶרַע" (בראשית א, יא) – הארץ מוציאה דשא, עשב שצומח וממשיך לצמוח הלאה באותו מקום. הוצאת דשא זו היא ביטוי מיוחד של **"כְבוֹד יהוה לְעוֹלָם"**. משום שהמאמר "תַּדְשֵׁא הָאָרֶץ" הוא המאמר הראשון שברא דברים בתוך העולם. הדברים שנבראו ביום הראשון הם כלליים ומופשטים – אור וחושך; ביום השני – אין בריאה אלא בקיעה – הרקיע מבדיל בין מים למים. רק ביום השלישי יש בריאה ראשונה של ממש, מתחילים לצמוח צמחים, עשבים ועצים, דברים שחיים ומולידים מעצמם. לכן דווקא בנוגע לדשאים ולעולם הצומח בכלל מתאים לדבר על מעשיו של הקדוש ברוך הוא – **"יִשְׂמַח יהוה בְּמַעֲשָׂיו"**. הדשאים שרים שירת שבח על בריאת העולם שצומח ומצמיח.

פרק רביעי

הפרק הרביעי עוסק בעיקרו בציפורים ובעופות.

תַּרְנְגוֹל אוֹמֵר: בְּשָׁעָה שֶׁבָּא הַקָּדוֹשׁ בָּרוּךְ הוּא אֵצֶל הַצַּדִּיקִים בְּגַן עֵדֶן זוֹלְפִים כָּל אִילָנֵי גַּן עֵדֶן בְּשָׂמִים וּמְרַנְּנִים וּמְשַׁבְּחִים, וְאָז גַּם הוּא מִתְעוֹרֵר וּמְשַׁבֵּחַ.

שירו של התרנגול נבדל משירים אחרים מפני שקריאת התרנגול איננה השמעת קול בעלמא, אלא קריאה מובהקת ומובחנת. נוסף על כך, לתרנגול יש מנגנון שגורם לכך שלפחות חלק מן הקריאות שלו מושמעות בשעות קבועות. התרנגולים שומרים את הזמן ויודעים לכוון את השעות עד כדי כך שבעבר היה התרנגול משמש לאנשים כשעון מעורר בעל קריאה קבועה וקצובה.

מעניין שהתרנגול קורא את קריאתו בשעה שעדיין יש בחוץ חשכה גמורה. תכונה זו מצוינת גם בברכת "הנותן לשכווי בינה" שאנו מפרשים שהיא עוסקת בתרנגול. הברכה היא על שהתרנגול קורא בשעות הלילה, בשעות שבהן אנו, בני האדם, איננו מסוגלים להבחין בראייתנו במעבר הזמן – לשם כך נדרשת בינת התרנגול. הלילה שורר, החושך מקיף מכל הצדדים, הבוקר יגיע בעוד זמן ניכר, והתרנגולים מתעוררים וקוראים. זהו חלק מייחודה של קריאת התרנגול.

אומנם ציפורים רבות שרות עם בוקר, אך הן שרות לאחר שהן מבחינות בהפצעתו – גם כאשר השמש עדיין אינה זורחת, האור כבר נראה בגלוי וניכר ההבדל משעות החושך. התרנגול לעומת זאת, קורא גם בשעות הלילה הגמורות, בשעה שאיננו מסוגלים לדעת מהתבוננות באור מתי יקרא, ומשום כך בפרק שירה רואים בכל אחת מקריאות התרנגול שמתחילות לפני זמן האור, שיר מיוחד המבטא שירה אחרת.

שירת התרנגול משולבת כאן בקטע מדרשי רחב:

"בְּשָׁעָה שֶׁבָּא הַקָּדוֹשׁ בָּרוּךְ הוּא אֵצֶל הַצַּדִּיקִים בְּגַן עֵדֶן" – כפי שכתוב בספרי הסוד, מחצות הלילה ואילך, לכבוד בואו של הקדוש ברוך הוא, **"זוֹלְפִים כָּל אִילָנֵי גַּן עֵדֶן בְּשָׂמִים וּמְרַנְּנִים וּמְשַׁבְּחִים. וְאָז גַּם הוּא מִתְעוֹרֵר וּמְשַׁבֵּחַ"** – האילנות מפיצים ריח, והתרנגול שומע כביכול קול של מעלה, מתעורר ומשבח – קורא. כך מתפרש הפסוק "מִי נָתַן לַשֶּׂכְוִי בִינָה" (איוב לח, לו), התרנגול בבינתו המיוחדת מבחין בנקודה קוסמית של חילוף הזמן, ואז הוא קורא בקול.

בְּקוֹל רִאשׁוֹן אוֹמֵר: "זֶה דּוֹר דֹּרְשָׁו מְבַקְשֵׁי פָנֶיךָ יַעֲקֹב סֶלָה. שְׂאוּ שְׁעָרִים רָאשֵׁיכֶם וְהִנָּשְׂאוּ פִּתְחֵי עוֹלָם וְיָבוֹא מֶלֶךְ הַכָּבוֹד. מִי זֶה מֶלֶךְ הַכָּבוֹד יהוה עִזּוּז וְגִבּוֹר יהוה גִּבּוֹר מִלְחָמָה" (תהלים כד, ו-ח)

בְּקוֹל שֵׁנִי אוֹמֵר: "שְׂאוּ שְׁעָרִים רָאשֵׁיכֶם וּשְׂאוּ פִּתְחֵי עוֹלָם וְיָבֹא מֶלֶךְ הַכָּבוֹד. מִי הוּא זֶה מֶלֶךְ הַכָּבוֹד יהוה צְבָאוֹת הוּא מֶלֶךְ הַכָּבוֹד סֶלָה" (תהלים כד, ט-י)

הקול הראשון והשני קשורים לכניסה של הקדוש ברוך הוא לגן עדן, אלה השירים של פתיחת השערים.

בְּקוֹל שְׁלִישִׁי אוֹמֵר: עִמְדוּ צַדִּיקִים וְעִסְקוּ בַּתּוֹרָה כְּדֵי שֶׁיִּהְיֶה שְׂכַרְכֶם כָּפוּל לָעוֹלָם הַבָּא.

הקול השלישי של התרנגול איננו פסוק אלא פנייה אל הצדיקים – הוא מעורר אותם לקום ולעסוק בתורה.

בְּקוֹל רְבִיעִי אוֹמֵר: "לִישׁוּעָתְךָ קִוִּיתִי יהוה" (בראשית מט, יח)

הקול הרביעי הוא מעין קול תרועה הפונה הן לאלו שכבר קמו הן לאלה שצריכים עוד לקום. זו הצהרה של תקווה ושל תפילה שמופנית לכל הנבראים.

בְּקוֹל חֲמִישִׁי אוֹמֵר: "עַד מָתַי עָצֵל תִּשְׁכָּב מָתַי תָּקוּם מִשְּׁנָתֶךָ" (משלי ו, ט)

הקול החמישי הוא קריאת השכמה של ממש לכל האנשים שממשיכים לישון.

בְּקוֹל שִׁשִּׁי אוֹמֵר: "אַל תֶּאֱהַב שֵׁנָה פֶּן תִּוָּרֵשׁ פְּקַח עֵינֶיךָ שְׂבַע לָחֶם" (משלי כ, יג)

הקול השישי אומר דבר חריף ותקיף יותר: "**אַל תֶּאֱהַב שֵׁנָה פֶּן תִּוָּרֵשׁ**" – אם תאהב את השינה תיעשה עני, עליך לקום ולעבוד. "**פְּקַח עֵינֶיךָ שְׂבַע לָחֶם**" – אם לא תפקח את העיניים ותמשיך לישון לא יהיה לך מה לאכול.

בְּקוֹל שְׁבִיעִי אוֹמֵר: "עֵת לַעֲשׂוֹת לַיהוה הֵפֵרוּ תּוֹרָתֶךָ" (תהלים קיט, קכו)

בקול השביעי התרנגול קורא לאנשים שכבר מתעוררים ופונים לענייניהם: "**עֵת לַעֲשׂוֹת לַיהוה הֵפֵרוּ תּוֹרָתֶךָ**" – יש אנשים שהפרו את תורתך, לא כל העולם מלא בטוב, לא כל הדברים נעשיים כראוי, ולכן "**עֵת לַעֲשׂוֹת לַהוה**" – שהרי אני יודע שהעולם חסר.

הקול השביעי מכריז לכל האנשים שמתחילים כעת את יומם, ומזכיר להם שהעולם זקוק לעשייה; כל אחד נדרש לעשות את מה שצריך ולתקן את מה שאחרים קלקלו. אלו הם שבעת הקולות של התרנגול, והוא מקבל בפרק שירה מקום מכובד מאוד. אין יצור אחר שאומר כל כך הרבה שירים כמו התרנגול. התרנגול מקשיר רבירול לקולות של מעלה, ושיריו הם הדהוד לדברים שמתרחשים בעולמות עליונים, ואותם הוא מספר למטה. שני השירים הראשונים הם לכבוד הקדוש ברוך הוא. לאחר מכן הוא פונה לשאר הבריות, לצדיקים ולאחרים. את הצדיקים הוא מעורר שיקומו ויתעוררו לעבוד את עבודת חבורא, ולאחרים שעדיין לא קמו הוא אומר שהם צריכים לקום, לעבוד, להתפרנס ולתקן את העולם.

תַּרְנְגֹלֶת אוֹמֶרֶת: "נֹתֵן לֶחֶם לְכָל בָּשָׂר כִּי לְעוֹלָם חַסְדּוֹ"

(תהלים קלו, כה)

שלא כמו התרנגול, התרנגולת אינה קוראת, אלא מקרקרת. זהו קול אחר לגמרי. קרקורה של התרנגולת מתפרש כאן כקול של הודאה: **"נֹתֵן לֶחֶם לְכָל בָּשָׂר"** – התרנגולת מודה לקדוש ברוך הוא על שהוא מפרנס את כל היצורים ובכללם אותה, היא מודה לו על הגרגירים ועל פיסות הלחם שהיא מקבלת. **"כִּי לְעוֹלָם חַסְדּוֹ"** – חסדו של הבורא עומד לעד. שירת התרנגולת היא שירה פשוטה של יצור המודה על מזונו.

יוֹנָה אוֹמֶרֶת: "כְּסוּס עָגוּר כֵּן אֲצַפְצֵף אֶהְגֶּה כַּיּוֹנָה דַּלּוּ עֵינַי לַמָּרוֹם אֲדֹנָי עָשְׁקָה לִּי עָרְבֵנִי" (ישעיה לח, יד)
אוֹמֶרֶת יוֹנָה לִפְנֵי הַקָּדוֹשׁ בָּרוּךְ הוּא: רִבּוֹנוֹ שֶׁל עוֹלָם, יִהְיוּ מְזוֹנוֹתַי מְרוֹרִים כְּזַיִת בְּיָדְךָ, וְאַל יִהְיוּ מְתוּקִים כִּדְבַשׁ עַל יְדֵי בָּשָׂר וָדָם.

התרנגולת אומנם אומרת "נֹתֵן לֶחֶם לְכָל בָּשָׂר", אבל למעשה בני האדם הם שמפרנסים אותה. לעומתה היונה אינה מקבלת את מזונותיה מבני האדם, היא צריכה שהקדוש ברוך הוא יעזור לה למצוא את מזונה.

היונה אומרת: **"כְּסוּס עָגוּר כֵּן אֲצַפְצֵף"** - הסוס הוא ככל הנראה הסיס, ציפור נודדת קטנה המשמיעה קול אופייני; והעגור הוא אולי עוף הדומה לחסידה בעל רגליים וצוואר ארוכים. הסיס והעגור מצפצפים, ואני **"אֶהְגֶּה כַּיּוֹנָה"**, היונה הוגה. **"דַּלּוּ עֵינַי לַמָּרוֹם"** - היונה כמו הסיס והעגור מרימה עיניה למרום ומבקשת על מזונותיה. אף שהיונה היא ציפור מבויתת למחצה שחיה בסמיכות לבני האדם, מזונותיה תלויים בחסדי שמיים, והיא צריכה לבקש אותם. **"אֲדֹנָי עָשְׁקָה לִּי עָרְבֵנִי"** - היונה אומרת לקדוש ברוך הוא: "אולי אינך נותן לי את כל מה שאני רוצה, אבל מנגד אתה ערב לכך שיהיה לי מה לאכול, אני תלויה בך".

היונה מעדיפה את צורת החיים הזאת, ועליה היא מודה: **"אוֹמֶרֶת יוֹנָה לִפְנֵי הַקָּדוֹשׁ בָּרוּךְ הוּא: רִבּוֹנוֹ שֶׁל עוֹלָם, יִהְיוּ מְזוֹנוֹתַי מְרוֹרִים כְּזַיִת בְּיָדְךָ, וְאַל יִהְיוּ מְתוּקִים כִּדְבַשׁ עַל יְדֵי בָּשָׂר וָדָם"** - משפט זה מרמז ליונה ששילח נח מן התיבה. הדבר הראשון שהביאה היונה לנח בסוף המבול היה עלה של זית, כדי להראות שהיא מעדיפה חיי חופש שבהם היא נאלצת לאכול עלי זית, על פני חיים מבויתים, נוחים ומשופעים במזון. זו ההודאה האמיתית של היונה: מזונותיה אולי מרורים כזית, אין מי שמפרנס אותה תדיר - אבל היא מעדיפה להתפרנס מהקדוש ברוך הוא ולהיות חופשייה ולא להיות כמו תרנגולת בלול.

נֶשֶׁר אוֹמֵר: "וְאַתָּה יהוה אֱלֹהִים צְבָאוֹת אֱלֹהֵי יִשְׂרָאֵל הָקִיצָה לִפְקֹד כָּל הַגּוֹיִם אַל תָּחֹן כָּל בֹּגְדֵי אָוֶן סֶלָה"

(תהלים נט, ו)

הנשר המקראי הוא ככל הנראה העוף שאנו מכנים כיום עיט, והוא עוף דורס שניזון בעיקר מנבלות. הנשר הוא ציפור רבת עוצמה, ויש לו מעמד מיוחד בתרבות היהודית. הנשר עף גבוה מאוד בשמיים, משקיף מלמעלה וסוקר את העולם. לנשר יש ראייה מצוינת והוא מסוגל לראות בריות קטנות ונבלות גם ממרחק עצום. הנשר מתבונן בעולם ואומר: **"וְאַתָּה יהוה אֱלֹהִים צְבָאוֹת אֱלֹהֵי יִשְׂרָאֵל הָקִיצָה לִפְקֹד כָּל הַגּוֹיִם אַל תָּחֹן כָּל בֹּגְדֵי אָוֶן סֶלָה"** – הוא מתפלל שהקדוש ברוך הוא יתגלה להעניש את הגויים ולא יסלח לרשעים לעולם.

תפילת הנשר באה מנקודת מבט רחבה המבחינה מלמעלה בכל הפרטים הקטנים, ויש בה הסתכלות כללית על מהלך העולם וההיסטוריה.

מצד אחר, ייתכן ששירת הנשר מרמזת על אחרית הימים, על יום הדין והנקמה ברשעי העולם. הנשר שחי מפגרים מצפה כביכול לחלק שייטול במפלת הרשעים.

עָגוּר אוֹמֵר: "הוֹדוּ לַיהוה בְּכִנּוֹר בְּנֵבֶל עָשׂוֹר זַמְּרוּ לוֹ"

(תהלים לג, ב)

איננו יודעים לזהות בוודאות את העגור המקראי. העוף הקרוי כיום עגור הוא עוף גדול שניזון מיצורים שונים וגם מגידולים חקלאיים, והוא מתאפיין בקול חזק, כמעט כמו של חצוצרה. על העגור התנ"כי נאמר שהוא מצפצף (ישעיה לח, יד), ולכן אולי יש לזהות את העגור עם ציפור שיר כלשהי. שירת העגור היא שירת הודאה מיוחדת המסתייעת בכלים מוזיקליים – **"בְּכִנּוֹר"** ו**"בְּנֵבֶל עָשׂוֹר"** להבעת רגש ההודאה והשבח. העגור משבח את ה' ומודה לו בפומבי, שירתו היא שירת הודאה מוזיקלית.

צִפּוֹר אוֹמֵר: "גַּם צִפּוֹר מָצְאָה בַיִת וּדְרוֹר קֵן לָהּ אֲשֶׁר שָׁתָה אֶפְרֹחֶיהָ אֶת מִזְבְּחוֹתֶיךָ יהוה צְבָאוֹת מַלְכִּי וֵאלֹהָי"

(תהלים פד, ד)

הציפור במקרא היא הדרור, עוף קטן שגר בסמיכות ליישובי בני האדם. חז"ל דרשו את שמה ואמרו שציפור הדרור "אינה מקבלת מרות" ו"דרה בבית כבשדה" (שבת קו:). אכן, הדרורים חיות סמוך לבני אדם, אבל נוהגות מנהג חירות, הן אינן עובדות את בני האדם אך גם אינן מתפרנסות מהם.

הפסוק של הציפור הוא: **"גַּם צִפּוֹר מָצְאָה בַיִת וּדְרוֹר קֵן לָהּ אֲשֶׁר שָׁתָה אֶפְרֹחֶיהָ"** – כפי שציפור נודדת מוצאת לבסוף בית, וכפי שדרור מוצאת קן שבו היא מניחה את אפרוחיה, כך גם אני, הנודד, מחפש למצוא את מקום משכני **"אֶת מִזְבְּחוֹתֶיךָ יהוה צְבָאוֹת מַלְכִּי וֵאלֹהָי"** – רק שם ארצה להקים את קיני וביתי.

ייתכן שגם לבית המקדש היו באות ציפורים, ואפילו מקננות בו. ואם כן, הפסוק מדבר על כך שהדרורים מסתובבות בכל מקום ומחפשות לעצמן בית, ומוצאות אותו בכל מיני מקומות, וגם בבית המקדש. האדם פונה לקדוש ברוך הוא בבקשה שיעזור לו, כמו לציפורים, למצוא את ביתו בבית ה'. שירת הציפור היא שירת שבח לקדוש ברוך הוא על שהיא מצאה אצלו בית, ויש בה גם קריאה לאחרים למצוא בית בבית ה'.

סְנוּנִית אוֹמֶרֶת: "לְמַעַן יְזַמֶּרְךָ כָבוֹד וְלֹא יִדֹּם יהוה אֱלֹהַי לְעוֹלָם אוֹדֶךָּ" (תהלים ל, יג)

הציפור המזוהה כיום כסנונית אינה חיה תמיד בארץ אלא באה לארץ בתקופות מסוימות של השנה בלבד. הסנונית משמיעה כל הזמן קולות, קולה של הסנונית אינו קול שירה ערב, אבל הוא תמידי. הסנוניות מתעופפות כל הזמן באוויר ושרות, ולכן השיר שלה הוא: **"לְמַעַן יְזַמֶּרְךָ כָבוֹד וְלֹא יִדֹּם"**, כדי שיזמר לך מזמור של כבוד, ולא ישקוט קול הזמרה, **"יהוה אֱלֹהַי לְעוֹלָם אוֹדֶךָּ"**.

טַסִּית אוֹמֶרֶת: "עֶזְרִי מֵעִם יהוה עֹשֵׂה שָׁמַיִם וָאָרֶץ" (תהלים קכא, ב)

אננו יודעים מהי הטסית משום שכפי הנראה שם זה מופיע רק בפרק שירה. לפי ההקשר זהו שם של ציפור, אולי דומה לסיס. שמה של הציפור מרמז אולי שהיא טסה כל הזמן וכמעט שאינה מסוגלת לעמוד במקום אחד – היא נאחזת לרגע בדבר רק כדי לחזור ולעוף מיד. הטסית אינה הולכת, אלא כל הזמן עפה באוויר. השהות הקבועה שלה באוויר מולידה שירה שעומדת בין השמיים לארץ, הטסית אומרת: **"עֶזְרִי מֵעִם יהוה עֹשֵׂה שָׁמַיִם וָאָרֶץ"** – השירה שלה היא שירה של יצור הנמצא תדיר בין שמיים לארץ, ומשם הוא מייחל לקדוש ברוך הוא.

צִיָּה אוֹמֶרֶת: "אוֹר זָרֻעַ לַצַּדִּיק וּלְיִשְׁרֵי לֵב שִׂמְחָה" (תהלים צז, יא)

בחלק מנוסחאות פרק שירה הציה מופיעה בפרקים אחרים. לפי מיקומה בנוסח הזה, הציה היא ציפור שאיננו יודעים לזהות. שירת הציה היא שירה שיש בה בהירות ושמחה, שירה העוסקת בצדיק, באדם ישר הלב שישרות חייו מובילה אותו לשמחה. הציה אומרת: **"אוֹר זָרֻעַ לַצַּדִּיק וּלְיִשְׁרֵי לֵב שִׂמְחָה"** - האור המזומן לצדיקים נסתר לעיתים מן העין, אך לבסוף הוא יצמח ויצוץ.

רְצִפִּי אוֹמֵר: "נַחֲמוּ נַחֲמוּ עַמִּי יֹאמַר אֱלֹהֵיכֶם" (ישעיה מ, א)

רצפי היא ציפור נוספת שאין לנו זיהוי ברור שלה. ייתכן שהיא מין ממיני היונה, אך ייתכן שמדובר בעוף נודד שבא מזמן לזמן, עוף שאינו נמצא בדרך כלל, ופתאום הוא מופיע. הרצפי אומר: **"נַחֲמוּ נַחֲמוּ עַמִּי יֹאמַר אֱלֹהֵיכֶם"** - שירתו היא שירת נחמה שאולי קשורה בהופעתו הפתאומית. השירה שלו מבשורת על בואה של הנחמה אחרי זמנים של קושי וייאוש.

חֲסִידָה אוֹמֶרֶת: "דַּבְּרוּ עַל לֵב יְרוּשָׁלַםִ וְקִרְאוּ אֵלֶיהָ כִּי מָלְאָה צְבָאָהּ כִּי נִרְצָה עֲוֺנָהּ כִּי לָקְחָה מִיַּד יהוה כִּפְלַיִם בְּכָל חַטֹּאתֶיהָ"

(ישעיה מ, ב)

החסידה היא ככל הנראה העוף המכונה כך גם בימינו. לפי הכתובים נראה שחסידה היא עוף שבא לארץ לפרקים, בעונות מסוימות, כמו שאומר הפסוק בירמיה (ח, ז): "גַּם חֲסִידָה בַשָּׁמַיִם יָדְעָה מוֹעֲדֶיהָ". חלק מהמוניטין החיובי שיש לציפור הזאת בכמה וכמה תרבויות קשור בנאמנות שבאה לידי ביטוי בסדירות מחזור הנדידה שלה. החסידה נודדת למרחקים גדולים, חוזרת אלינו מן המרחקים האלה ואומרת: **"דַּבְּרוּ עַל לֵב יְרוּשָׁלַיִם וְקִרְאוּ אֵלֶיהָ כִּי מָלְאָה צְבָאָהּ כִּי נִרְצָה עֲוֺנָהּ כִּי לָקְחָה מִיַּד יהוה כִּפְלַיִם בְּכָל חַטֹּאתֶיהָ"** - החסידה רואה את העולם ומבינה את הזמנים, משום כך היא יכולה להגיד: "כבר הגיע הזמן לנחמה". שירת החסידה היא שירה על בשורת נחמה הבאה מן המרחקים.

עוֹרֵב אוֹמֵר: "מִי יָכִין לָעֹרֵב צֵידוֹ כִּי יְלָדָו אֶל אֵל יְשַׁוֵּעוּ יִתְעוּ לִבְלִי אֹכֶל"

(איוב לח, מא)

השיר של העורב הוא בעצם התפילה של ילדיו: **"יְלָדָו אֶל אֵל יְשַׁוֵּעוּ"**. במדרשים מופיע (למשל מדרש תנחומא פרשת עקב) שהעורבים מזניחים בשלב מסוים את הגוזלים שלהם, והגוזלים צריכים להתקיים בכוחות עצמם. משום כך על בני העורב נאמר: "לִבְנֵי עֹרֵב אֲשֶׁר יִקְרָאוּ" (תהלים קמז, ט) משום שהם כל הזמן קוראים ומתפללים.

אף שבפועל איננו רואים שבני העורב קוראים יותר מגוזלים של עופות אחרים, הנקודה המהותית כאן נוגעת לאחת מחידות העולם – המנגנון המורכב שלפיו עופות מאכילים את הגוזלים שלהם. יש מינים שבהם הגוזלים אוכלים מיד את אותו המזון של הבוגרים. אך במינים רבים אחרים הגוזלים בוקעים מן הביצה בלי יכולת למצוא מזון ולאוכלו בכוחות עצמם, אחדים מהם נולדים עיוורים, ופעמים רבות שהם חסרי ישע לחלוטין. הגוזלים של העופות האלו תלויים בהורים שיאכילו אותם, ולולי יאכילו אותם הם ימותו. זהו הרקע לקביעה **"כִּי יְלָדָו אֶל אֵל יְשַׁוֵּעוּ"**. הגוזלים קוראים לאוכל כי אילולא יקבלו את האוכל לא תהיה להם דרך אחרת למצוא אותו. שירו של העורב הוא השיר של חסרי הישע, השיר של מי שרואה עצמו נזקק ותלוי לחלוטין בחסדי הבורא.

זַרְזִיר אוֹמֵר: "וְנוֹדַע בַּגּוֹיִם זַרְעָם וְצֶאֱצָאֵיהֶם בְּתוֹךְ הָעַמִּים כָּל רֹאֵיהֶם יַכִּירוּם כִּי הֵם זֶרַע בֵּרַךְ יהוה"

(ישעיה סא, ט)

הזרזירים קטנים במעט מן העורבים וקולם שונה בתכלית. הזרזירים מופיעים בעונות מסוימות, ואז הם עשויים למלא עיר שלמה עד שקשה שלא להבחין בנוכחותם. אחרי זמן מסוים הם ממשיכים הלאה ונעלמים. ייתכן ששירת הזרזיר קשורה בהגעתם ההמונית אל מקומות היישוב. שלא כציפורים נודדות אחרות שנוחתות הרחק ממקומות היישוב, הזרזירים באים אל תוך הערים, יושבים על העצים ועושים מהומה, ומשום כך אפשר לומר עליהם: "**כָּל רֹאֵיהֶם יַכִּירוּם**". הזרזיר כאן משמש דוגמה להבטחה המובעת בפסוק על עם ישראל: "**וְנוֹדַע בַּגּוֹיִם זַרְעָם וְצֶאֱצָאֵיהֶם בְּתוֹךְ הָעַמִּים כָּל רֹאֵיהֶם יַכִּירוּם**".

אֲוָז שֶׁבַּבַּיִת אוֹמֶרֶת: "הוֹדוּ לַיהוה קִרְאוּ בִּשְׁמוֹ הוֹדִיעוּ בָעַמִּים עֲלִילוֹתָיו. שִׁירוּ לוֹ זַמְּרוּ לוֹ שִׂיחוּ בְּכָל נִפְלְאוֹתָיו"

(תהלים קה, א-ב)

אף שאווזי הבר והאווז המבוית שייכים לאותה משפחה, יש הבדלים מסוימים ביניהם. ההבחנה הזאת מצויה כבר בתלמוד (ראו למשל בבא קמא נה.), ויש מן החכמים שאף מנו הבדלים אנטומיים בין אווז הבית לאווז הבר. אווזי הבר הם עופות נודדים שעפים למרחקים גדולים מאוד, ואילו אווזי הבית חיים בחצר כשאר עופות הבית. האווזים הם יצורים קולניים מאוד, הם ערים בלילה; ומודעים מאוד לבואם של זרים ועשויים לעיתים לנשוך אותם. בגלל כל התכונות האלו אווזי הבית היו משמשים ככלבי שמירה. בגמרא (כתובות כז.) מסופר שהיו מקיפים באווזים את המקום שרצו לשמור עליו. שימוש כזה באווזים מתועד גם בסיפור המפורסם על האווזים שהצילו את רומא. כך יש להבין גם את דברי הגמרא (ברכות נז.) שאומרת: "הרואה אווז בחלום – יצפה לחכמה, שנאמר: 'חָכְמוֹת בַּחוּץ תָּרֹנָּה בָּרְחֹבוֹת תִּתֵּן קוֹלָהּ' (משלי א, כ)". האווזים, שלא כעופות אחרים, פעילים מאוד, הם מדברים הרבה ומשמיעים קול גדול, ולכן מסמלים את החוכמה שמכריזה ומלמדת.

שיו ונ אווזי הבית מבטאונ אח קולניותם – עופות ושקולם הולך ונשמע בעולם. האווזים מגעגעים, מודיעים וקוראיט בקול רם: **"הוֹדוּ לַיהוה קִרְאוּ בִשְׁמוֹ הוֹדִיעוּ בָעַמִּיט עֲלִילוֹתָיו שִׁירוּ לוֹ זַמְּרוּ לוֹ שִׂיחוּ בְּכָל נִפְלְאוֹתָיו"**. שירתם היא שירה של קריאה והכרזה החוצה, שירה שקוראת ליצורים לא רק להודות לה' אלא גם להודיע בקול על גדולתו.

אַוַּז הַבָּר הַמְשׁוֹטֶטֶת בַּמִּדְבָּר: כְּשֶׁרוֹאָה אֶת יִשְׂרָאֵל עוֹסְקִים בַּתּוֹרָה אוֹמֶרֶת:
"קוֹל קוֹרֵא בַּמִּדְבָּר פַּנּוּ דֶּרֶךְ יהוה יַשְּׁרוּ בָּעֲרָבָה מְסִלָּה לֵאלֹהֵינוּ" (ישעיה מ, ג)

אווזי הבר נוסעים בלהקות גדולות מאוד למרחקים ארוכים. הם אוכלים חרקים וכל מיני זרעים, וצריכים למצוא לעצמם את מזונם במדבר. כפי שכבר נאמר, המדבר איננו מקום שומם ויבש לגמרי, אלא מקום שעשוי למרעה, העומד בניגוד למקום שבני אדם מטפחים ושותלים בו חקלאות. כמו אווזי הבית, גם אווזי הבר הם יצורים קולניים מאוד, וכאשר הם משוטטים במדבר אפשר לשמוע את ה"**קוֹל קוֹרֵא בַּמִּדְבָּר**". שירת אווז הבר המתוארת כאן היא שירה מיוחדת הקשורה בכך שישראל עוסקים בתורה. ייתכן שיש כאן מעין הקבלה בין קולו של האווז שמהדהד במדבר השומם לבין קולם של ישראל שעוסקים בתורה בגלות ובקושי. שירת האווז מבשרת את בשורת הופעתו של הקדוש ברוך הוא בעת הגאולה, הפסוק קורא: "**פַּנּוּ דֶּרֶךְ יהוה יַשְּׁרוּ בָּעֲרָבָה מְסִלָּה לֵאלֹהֵינוּ**" - המדבר עתיד לעבור שינוי, וישראל עתידים לתפוס את מקומם הנכון בעולם.

וְעַל מְצִיאוּת מְזוֹנוֹתֶיהָ בַּמִּדְבָּר אוֹמֶרֶת: "אָרוּר הַגֶּבֶר אֲשֶׁר יִבְטַח בָּאָדָם" (ירמיה יז, ה);
"בָּרוּךְ הַגֶּבֶר אֲשֶׁר יִבְטַח בַּיהוה וְהָיָה יהוה מִבְטַחוֹ" (שם, ז)

שלא כאווזי הבית הניזונים מבני האדם, אווזי הבר צריכים לחפש את האוכל שלהם במקומות נידחים. האווז הנודד חי באזורי הספר, במקומות בר, וצריך למצוא שם את מזונו. אווזים הם עופות די גדולים, הם צריכים לאכול הרבה ואין מי שיפרנס אותם. אווז הבר אומר: "**אָרוּר הַגֶּבֶר אֲשֶׁר יִבְטַח בָּאָדָם, בָּרוּךְ הַגֶּבֶר אֲשֶׁר יִבְטַח בַּיהוה וְהָיָה יהוה מִבְטַחוֹ**".

בעצם אין זו שירה מיוחדת לאווז, אלא לכל עופות הבר שאינם ניזונים מן האדם. אווז הבר מודה לה' על תלותו בו ועל שאינו נאלץ כאחיו אווז הבית לבטוח בבשר ודם. אווז הבר מתפרנס, חי ומתרבה משום שהקדוש ברוך הוא עוזר לו ונותן לו את מזונו. שירת אווז הבר היא שירת הודאה וביטחון בקדוש ברוך הוא, שירה של יצור חופשי שסמוך על שולחנו של הקדוש ברוך הוא.

פְּרוּגִיּוֹת אוֹמְרִים: "בִּטְחוּ בַיהוה עֲדֵי עַד כִּי בְּיָהּ יהוה צוּר עוֹלָמִים" (ישעיה כו, ד)

משמעות המילה 'פרגיות' בימינו היא עופות צעירים, אבל מובן המילה 'פרוגיות' במקורות אינו ברור. ייתכן שמדובר במין של תרנגולת בר או בציפורי בר קטנות. מן ההקשר כאן עולה כי הם אינם מבויתים, ולכן שירתם נושאת אופי דומה לשירת שאר עופות הבר. הפרוגיות אומרים: איננו מתפרנסים מידי אדם, איש אינו דואג לנו, ולכן אנו יכולים לבטוח לחלוטין בקדוש ברוך הוא. שירת הפרוגיות היא שירה של ביטחון מוחלט של מי שחש שגורלו וחייו מוטלים בשלמות ביד ה'.

רְחָמָה אוֹמֶרֶת: "אֶשְׁרְקָה לָהֶם וַאֲקַבְּצֵם כִּי פְדִיתִים וְרָבוּ כְּמוֹ רָבוּ" (זכריה י, ח)

הרחמה היא העוף שנקרא בגמרא, וגם כיום, שרקרק. הרחמה משמיעה קול שריקה אופייני, שריקה זו היא העומדת במוקד השירה שהמתוארת כאן.

בגמרא (חולין סג.) נאמר שכאשר השרקרק שורק בצורה שונה מן הרגיל - זהו סימן לגאולה. השרקרק שורק בדרך בעת מעופו, אך כאשר הוא ישרוק שלא במעופו אלא בעמידה על הקרקע - זהו סימן לגאולה המתקרבת. מתברר שלא רק השופר הגדול מבשר על הגאולה, אלא גם שריקת השרקרק. השירה של הרחמה היא שריקתה המסמלת את קריאתו של הקדוש ברוך הוא לישראל להתקבץ ולשוב ממקום גלותם. הרחמה שרה על הרגע שבו שריקתה תבטא את הקריאה האלוקית לקיבוץ הגלויות.

צִפֹּרֶת כְּרָמִים אוֹמֶרֶת: "שִׁיר לַמַּעֲלוֹת אֶשָּׂא עֵינַי אֶל הֶהָרִים מֵאַיִן יָבֹא עֶזְרִי" (תהלים קכא, א)

לאחר שירת העופות בא תורם של שרצי העוף. שרץ העוף הוא קטגוריה לעצמה בחוקי התורה (ויקרא יא, כג). יש שרץ עוף טמא שאסור לאוכלו, כמו למשל צרצרים; ויש שרץ עוף טהור, כמו חלק ממיני הארבה, המותרים עקרונית באכילה.

ציפורת הכרמים היא סוג של ארבה, היא מוזכרת בגמרא (שבת צ. וחולין סה.) כחין חגב גדול, והיא כנראה אחד ממיני החגבים הכשרים.

ציפורת הכרמים היא יצור קטן שמנסה לשרוד ולמצוא את אוכלו, ולכן הוא אומר: **"אֶשָּׂא עֵינַי אֶל הֶהָרִים מֵאַיִן יָבֹא עֶזְרִי"**. השיר של ציפורת הכרמים מבטא את התודעה שהחיים אינם דבר שלם, מובטח וגמור, ולכן העזרה היחידה היא העזרה הבאה ממרום. זו שירה המעמידה בחדות ובחריפות את התלות של היצורים ואת היכולת שלהם לפנות אל הקדוש ברוך הוא ולבקש את סיועו ועזרתו.

חָסִיל אוֹמֵר: "יהוה אֱלֹהַי אַתָּה אֲרוֹמִמְךָ אוֹדֶה שִׁמְךָ כִּי עָשִׂיתָ פֶּלֶא עֵצוֹת מֵרָחוֹק אֱמוּנָה אֹמֶן"

(ישעיה כה, א)

לפי הגמרא (תענית יט, א), חסיל הוא מין ממיני החגבים, שרצי העוף. החסיל הוא כפי הנראה אחד ממיני החגבים הכשרים לאכילה.

כמו חגבים אחרים החסיל מופיע בלהקות שעורכות מסעות ארוכים מאוד, כך שעשוי להיות מרחק עצום מן המקום שבו נולד עד למקום שבו הוא מופיע. שירת החסיל מבוססת על נדידתו, הוא שר על שהקדוש ברוך הוא מוביל אותו ממקום למקום. החסיל מבין את משמעות המרחק, ושר על כך שהבטחותיו של הקדוש ברוך הוא מתאמתות גם במרחק הזמן והמקום. החסיל מודה לה' על פלאיו: **"יהוה אֱלֹהַי אַתָּה אֲרוֹמִמְךָ אוֹדֶה שִׁמְךָ כִּי עָשִׂיתָ פֶּלֶא"**, ומודה לו על שדברי החוכמה שהודיע האל מרחוק התאמתו: **"עֵצוֹת מֵרָחוֹק אֱמוּנָה אֹמֶן"** – הדברים שהאמנתי בהם התקיימו בפועל. שירת החסיל היא שירה של הנווד הנשען על הבטחה שמתקיימת ומתאמתת.

שְׂמָמִית אוֹמֶרֶת: "הַלְלוּהוּ בְצִלְצְלֵי שָׁמַע הַלְלוּהוּ בְּצִלְצְלֵי תְרוּעָה"

(תהלים קנ, ה)

עוד מימי קדם זיהו פרשנים רבים את השממית כמין של עכביש. השממית מוזכרת פעם אחת במקרא: "שְׂמָמִית בְּיָדַיִם תְּתַפֵּשׂ וְהִיא בְּהֵיכְלֵי מֶלֶךְ" (משלי ל, כח). אפשר להבין שהפסוק הזה מתאר את התנהגות העכביש שמסתובב בכל מקום. זיהוי אחר לשממית, זיהוי שהתקבל כיום בעברית החדשה, מזהה את השממית במין לטאה קטנה. השממיות משוטטות הרבה פעמים בתוך בתים, ומכיוון שהן אינן גורמות נזק לאדם, אין מבערים אותן מהעולם. לשממיות יש כישרון מיוחד לטפס על הקירות ואפילו על התקרה - ולכן הן בכל מקום.

שלא כרוב הזוחלים, השממיות משמיעות קול מיוחד. כששומעים את הקול שלהן מרחוק הוא נשמע כקול של נשיקה. ברגיל אנשים אינם שומעים את קולם של הזוחלים, ואילו קולה של השממית נשמע בבתי בני האדם. ייתכן ששירת השממיות קשורה לקול שהן משמיעות, ליכולת שלהן לצרף את קולן למקהלת השירה הקוסמית. השממית אומרת: **"הַלְלוּהוּ בְצִלְצְלֵי שָׁמַע הַלְלוּהוּ בְּצִלְצְלֵי תְרוּעָה"**. השממיות יכולות לקבוע לעצמן מקום משלהן, והן משבחות את הקדוש ברוך הוא בצלצלי שמע ובצלצלי תרועה.

זְבוּב אוֹמֵר: בְּשָׁעָה שֶׁאֵין יִשְׂרָאֵל עוֹסְקִים בַּתּוֹרָה - "קוֹל אֹמֵר קְרָא וְאָמַר מָה אֶקְרָא כָּל הַבָּשָׂר חָצִיר וְכָל חַסְדּוֹ כְּצִיץ הַשָּׂדֶה. יָבֵשׁ חָצִיר נָבֵל צִיץ כִּי רוּחַ יהוה נָשְׁבָה בּוֹ אָכֵן חָצִיר הָעָם. יָבֵשׁ חָצִיר נָבֵל צִיץ וּדְבַר אֱלֹהֵינוּ יָקוּם לְעוֹלָם" (ישעיה מ, ו-ח)

"בּוֹרֵא נִיב שְׂפָתָיִם שָׁלוֹם שָׁלוֹם לָרָחוֹק וְלַקָּרוֹב אָמַר יהוה וּרְפָאתִיו"
(ישעיה נז, יט)

הזבוב כל הזמן מזמזם. יש יצורים שמפעם לפעם אומרים משהו, אבל הזבוב מדבר כל הזמן, ואולי לכן הזבוב אומר שני דברים:

"בְּשָׁעָה שֶׁאֵין יִשְׂרָאֵל עוֹסְקִים בַּתּוֹרָה" הזבוב אומר את הפסוקים האלה: **"קוֹל אֹמֵר 'קְרָא', וְאָמַר 'מָה אֶקְרָא?'"** – הנביא שואל את הקול שאומר קרא מה אקרא? ותשובת הקול היא: **"כָּל הַבָּשָׂר חָצִיר"** – כל בני האדם דומים לחציר, לעשב שאין לו קיום ממושך, **"וְכָל חַסְדּוֹ כְּצִיץ הַשָּׂדֶה"** – כל אהבתו וחינו של האדם היא רגעית כפרחי השדה שפריחתם אורכת שבועות מספר. והפסוק מסכם: **"יָבֵשׁ חָצִיר, נָבֵל צִיץ, וּדְבַר אֱלֹהֵינוּ יָקוּם לְעוֹלָם"** – דורות וחסדיהם חולפים ביעף, ורק דבר ה' נותר יציב לנצח.

הזבוב אינו מאריך ימים, הוא חי כמה ימים ומת. התיאור בפסוק מופיע כאן כמעין מונולוג של הזבוב, הזבוב כביכול אומר: "תסתכלו עליי, על חיי הקצרים. אתם בני האדם אומנם מאריכים ימים לעומתי, אך בכל זאת **'כָּל הַבָּשָׂר חָצִיר, וְכָל חַסְדּוֹ כְּצִיץ הַשָּׂדֶה'** – אלה החיים שלכם! חייכם יחלפו מהר, ואם אינכם עוסקים בתורה, ב'דְבַר אֱלֹהֵינוּ', אזי חייכם יחלפו לריק כמו כל הבשר שסופו למות".

החלק השני של דברי הזבוב נאמר כאשר ישראל עוסקים בתורה: **"בּוֹרֵא נִיב שְׂפָתָיִם שָׁלוֹם שָׁלוֹם לָרָחוֹק וְלַקָּרוֹב אָמַר יהוה וּרְפָאתִיו"**. בפסוק זה יש זמזום, מלמול. הזמזום הראשון של הזבוב מדבר על כיליון ועל מוות, והשני מדבר על **"נִיב שְׂפָתָיִם"**, על מצב שבו אנשים מזמזמים ועוסקים בתורה. והקדוש ברוך הוא מברך את כולם - **"שָׁלוֹם שָׁלוֹם לָרָחוֹק וְלַקָּרוֹב"**.

הזבוב מסתובב בכל מקום ורואה את בני האדם על התנהגויותיהם השונות, ומשום כך גם השירה שלו הולכת לשני הכיוונים. שירה אחת היא שירת המוות והכיליון, ושירה אחרת על ברכת השלום הבאה ממרום למי שלומד את התורה.

תַּנִּינִים אוֹמְרִים: "הַלְלוּ אֶת יהוה מִן הָאָרֶץ תַּנִּינִים וְכָל תְּהֹמוֹת"

(תהלים קמח, ז)

בתנ"ך וגם בספרות חז"ל תנינים אינם יצור אחד מסוים, אלא כמה יצורים שונים. יש מהם שחיים במים, ויש כאלה שאינם; יש כאלה שמשמיעים קול ויש כאלה שאינם. כאן נראה כי מדובר ביצורי מים, אלו "התנינים הגדולים" שנזכרים בתחילת ספר בראשית (בראשית א, כא). תנינים אלו הם יצורי קדם, יצורים ענקיים שנבראו בתחילתו של העולם, מהבריות הראשונות של העולם. השירה שלהם היא שירה הבאה ממעמקים: "**הַלְלוּ אֶת יהוה מִן הָאָרֶץ תַּנִּינִים וְכָל תְּהֹמוֹת**". התנינים באים מתוך העומק הגדול של המציאות, משורש הבריאה.

מכמה מקורות (ראו בבא בתרא עד.) עולה שהתנינים הם המכונים כיום לווייתנים. זיהוי זה מתאים באופן מסוים לתיאור שיש כאן: התנינים - הלווייתנים מגיעים גם לעומק התהומות וגם עולים למעלה עד פני הים. השירה שלהם באה מן המעמקים, ונמשכת ועולה גם אל התחומים של מה שנראה וגלוי לעין.

לִוְיָתָן אוֹמֵר: "הוֹדוּ לַיהוה כִּי טוֹב כִּי לְעוֹלָם חַסְדּוֹ"

(תהלים קלו, א)

כמו התנין גם הלוויתן, כפי הנראה, איננו יצור אחד, אלא שם כולל לכמה יצורים. בתנ"ך (ישעיה כז, א) מופיעים "לִוְיָתָן נָחָשׁ בָּרִחַ" ו"לִוְיָתָן נָחָשׁ עֲקַלָּתוֹן", כלומר שיש כמה מיני לווייתנים. לא לגמרי ברור אם הלווייתן הוא יצור מיצורי הטבע החומריים, או מין יצור חצי חומרי, קדמוני ומסתורי. הוא מופיע בכמה סיפורים בחז"ל, ותמיד בצורה מסתורית. במסורת החכמים (בבא בתרא עה.) נאמר שמבשר הלווייתן תותקן הסעודה שעתיד הקדוש ברוך הוא לערוך לפני הצדיקים לעתיד לבוא – "סעודת הלווייתן". כך או כך, מדובר ביצורים עצומים שחיים במעמקי המצולה. איננו רואים אותם, אלא רק מודעים לנוכחותם במעמקי הים.

הלווייתן, בהתאם לדמותו המסתורית, מדבר על דברים גדולים. איננו פוגשים אותו רבות בעולם, וגם השבח שלו לה' הוא שבח כללי מאוד: **"הוֹדוּ לַיהוה כִּי טוֹב כִּי לְעוֹלָם חַסְדּוֹ"**. ההודאה לה' בשירת הלוויתן היא שבח שאיננו שייך ליצור מסוים, ואפילו לא למקום מסוים; זהו שבח של כל מקום, כל זמן וכל עת.

דָּגִים אוֹמְרִים: "קוֹל יהוה עַל הַמָּיִם אֵל הַכָּבוֹד הִרְעִים יהוה עַל מַיִם רַבִּים"

(תהלים כט, ג)

בהסתכלות פשוטה, הדגים אינם אומרים דבר, הם יצורים אילמים. בפרק שירה הדגים אומרים: **"קוֹל יהוה עַל הַמָּיִם אֵל הַכָּבוֹד הִרְעִים יהוה עַל מַיִם רַבִּים"**. הדגים אינם מדברים על קולם שלהם, אלא על קולו של ה' שרועם על פני המים הרבים. הם יצורים ששייכים למים ולכן הם מסוגלים לשמוע ולחוש את קול ה' שמופיע על המים, ועל כך הם אומרים לפי דרכם שירה. הם אינם יודעים לשיר בעצמם, אבל הם שרים על קול ה' שנשמע בעולם שהם מכירים.

צְפַרְדֵּעַ אוֹמֶרֶת: "בָּרוּךְ שֵׁם כְּבוֹד מַלְכוּתוֹ לְעוֹלָם וָעֶד"

שלא כדגים שאינם פותחים את הפה, הצפרדע מדברת כל הזמן, לעיתים במשך שעות רבות. הצפרדע מקרקרת בלי הרף, ואפשר לשמוע אותה מקרוב ומרחוק. הצפרדע אומרת דבר כללי מאוד, שאיננו פסוק מן המקרא אלא פסוק תפילה עתיק שנאמר בבית המקדש (משנה יומא ג, ח) ועל פי מסורות מסוימות (ראו פסחים נו.) נאמר מפי יעקב אבינו בסוף ימיו: "**בָּרוּךְ שֵׁם כְּבוֹד מַלְכוּתוֹ לְעוֹלָם וָעֶד**".

עניינה של הצפרדע המשבחת את ה' מופיע במדרש פרק שירה: "נזדמנה לו (לדוד) צפרדע אחת, ואמרה לו: דוד, אל תזוח דעת עליך, שאני אומרת שירה יותר ממך". הצפרדע אומרת שירה ומברכת את ה' כל הזמן, והשירה שלה כללית מאוד, בסיסית מאוד ובלתי פוסקת. הצפרדע יושבת כל הזמן ואומרת תהילה לקדוש ברוך הוא – ביום ובלילה. יהיה כך או יהיה אחרת, הצפרדע ממשיכה לשבח את ה'.

פרק חמישי

הפרק החמישי עוסק בעיקרו ביונקים, מכל הסוגים ומכל המינים - חיות בית, חיות בר, חיות שאנחנו מכירים וחיות שאיננו מכירים.

בְּהֵמָה דַקָּה טְהוֹרָה אוֹמֶרֶת: "מִי כָמֹכָה בָּאֵלִם יהוה מִי כָּמֹכָה נֶאְדָּר בַּקֹּדֶשׁ נוֹרָא תְהִלֹּת עֹשֵׂה פֶלֶא"

(שמות טו, יא)

הבהמות מחולקות כאן לקבוצות ולאחר מכן מוצגות חיות מסוימות. הקבוצה הראשונה - בהמה דקה טהורה – היא הצאן, כלומר כבשים ועיזים.

בהמה דקה טהורה אומרת: **"מִי כָמֹכָה בָּאֵלִם יהוה מִי כָּמֹכָה נֶאְדָּר בַּקֹּדֶשׁ נוֹרָא תְהִלֹּת עֹשֵׂה פֶלֶא"** – כבשים ועיזים מדברות הרבה, בוודאי יחסית לחיות אחרות. הקול שלהן בדרך כלל אינו קול שאגה, וכן אינו קול שירה; זה קול של אמירה רצופה, קול זה מתפרש בפרק שירה כקול של יצורים האומרים בניחותא תהילות ותשבחות. הכבשים והעיזים אינם מסעירים, אלא יצורים מבויתים ושגרתיים – השירה שלהם היא כמעט כמו התפילה השגורה העשויה דברי שבח כלליים ויסודיים.

בְּהֵמָה גַּסָּה טְהוֹרָה אוֹמֶרֶת: "הַרְנִינוּ לֵאלֹהִים עוּזֵּנוּ הָרִיעוּ לֵאלֹהֵי יַעֲקֹב"

(תהלים פא, ב)

בהמה גסה טהורה כוללת כמה וכמה סוגים של בעלי חיים, אבל באופן כללי מדובר בכינוי לבקר ובייחוד לפרות.

הפרה גועה ואומרת: "**הַרְנִינוּ לֵאלֹהִים עוּזֵּנוּ הָרִיעוּ לֵאלֹהֵי יַעֲקֹב**". הפסוק הזה מתמקד בתרועה. קולן של הפרות אינו כקולם של העיזים או הכבשים, הוא קול שונה מאוד, ואפשר להגדירו 'תרועה'. לכן "**הָרִיעוּ לֵאלֹהֵי יַעֲקֹב**" מתאר את שירה של הפרה.

מבחינת האדם הפרות הן יצורים רב שימושיים, הן עובדות בשדה, נותנות חלב, ובשרן נאכל. מבחינה זו יש בפרה צד של שלמות, ולכן גם בשירה שלה יש צד של שלמות, שירה שכולה דברי תהילות לה' על עצם קיומן ועל שהן מיטיבות לעולם. שירת הפרות מופיעה גם בהקשר אחר בדרשת חכמים (עבודה זרה כד:) על הפסוק: "וַיִּשַּׁרְנָה הַפָּרוֹת בַּדֶּרֶךְ עַל דֶּרֶךְ בֵּית שֶׁמֶשׁ" (שמואל א ו, יב) תיארו חכמים כיצד שרו הפרות הנושאות את ארון הברית שירת שבח לקדוש ברוך הוא על השבת הארון אל בני ישראל.

בְּהֵמָה דַּקָּה טְמֵאָה אוֹמֶרֶת: "הֵיטִיבָה יהוה לַטּוֹבִים וְלִישָׁרִים בְּלִבּוֹתָם"

(תהלים קכה, ד)

קשה להגדיר מהי בהמה דקה טמאה. מצד אחד, מדובר ביצורים שאינם טהורים. מצד אחר, הם צריכים להיות יצורים קטנים יחסית. יש הרבה יצורים שאפשר לקרוא להם בשם הזה, אלא שבכמה מקורות עולה השאלה כיצד מסווגים מהי בהמה ומהי חיה (ראו למשל את המחלוקת במשנה כלאיים ח, ו). אחת ההגדרות המקובלות היא שהבהמות הן בעלי החיים המבויתים, בניגוד לחיות הבר. לפי הגדרה זו, ההבדל בין חיה לבהמה אינו תלוי במבנה או בצורה, אלא שבהמה היא חיית בית, וחיה היא חיית השדה. הקטגוריה 'בהמה דקה טמאה' יכולה, אפוא, לכלול את הכלב ואולי חיות מבויתות אחרות שאינן כשרות. השירה המיוחדת לכלבים תופיע בהמשך, כאן עוסקים בשירה כללית יותר של כל מי שנכנס להגדרה של 'בהמה דקה טמאה'.

השירה שלהן כאן מבטאת את מעלתן העיקרית והיא הנאמנות, היותן "טובות וישרות". לפעמים היצורים האלו עושים שירות כזה או אחר למען אדונם, ולפעמים אינם מועילים במיוחד, אבל תמיד הם נאמנים, הם "טובים וישרים בליבותם", ומתאים שיאמרו שירה בשבח הנאמנות. שירתם היא שירת הודאה על שהקדוש ברוך הוא גומל לטוביו ולנאמניו.

בְּהֵמָה גַּסָּה טְמֵאָה אוֹמֶרֶת: "יְגִיעַ כַּפֶּיךָ כִּי תֹאכֵל אַשְׁרֶיךָ וְטוֹב לָךְ"

(תהלים קכח, ב)

בהמה גסה טמאה היא שם כולל לחיות העבודה הגדולות: החמור, הסוס, הפרד והגמל. יש מהיצורים האלו שיופיעו בהמשך הפרק בשירה פרטית משלהם, אך כאן הם מופיעים בקבוצה, במקהלה ששרה את שירת היותם בהמות עבודה. הבהמה הגסה הטמאה אומרת: "**יְגִיעַ כַּפֶּיךָ כִּי תֹאכֵל אַשְׁרֶיךָ וְטוֹב לָךְ**" משום שבהמות אלה משלמות כביכול בעד מזונן. בלשון חז"ל נחשבות חיות העבודה לבעלי חיים שהם בגדר "עושה ואוכל", הם מצדיקים את קיומם ברשות האדם בעבודתם בשבילו. שלא כבהמות הדקות ושלא כרוב היצורים - בהמות העבודה עושות מלאכה, הן עובדות והן בעלות ערך לבני האדם עד כדי כך שהן מצוות לנוח בשבת. השירה שלהן היא שירה של מי ששמח על שהוא יכול ליהנות מיגיע כפיו ולשבוע מפירות מלאכתו.

גָּמָל אוֹמֵר: "יהוה מִמָּרוֹם יִשְׁאָג וּמִמְּעוֹן קָדְשׁוֹ יִתֵּן קוֹלוֹ שָׁאֹג יִשְׁאַג עַל נָוֵהוּ"

(ירמיה כה, ל)

הגמל מופיע הרבה במקרא ובספרות חז"ל, הוא יצור מבוית למחצה והוא מובא כאן אחרי בהמות העבודה. נראה שהדימוי **"מִמָּרוֹם יִשְׁאָג"** מתאים כאן בגלל גובהו של הגמל. הגמל משמיע את קולו בעיקר מלמעלה. הגמלים אינם קולניים מאוד, מפעם לפעם הם משמיעים מעין חרחור ועוד מיני קולות אחרים, אך יש הזדמנויות שבהן הם משמיעים קולות שאפשר לשמוע בהם מעין שאגה. שירתו, שאגתו, של הגמל הגבוה משאר הבהמות מבטאת כאן שאגה הבאה ממרום, שאגה שיש בה מצד אחד אבל וצער, ומצד אחר נימה של אזהרה והתעוררות המכוונת אל בני האדם.

סוס אומֵר: "הִנֵּה כְעֵינֵי עֲבָדִים אֶל יַד אֲדוֹנֵיהֶם כְּעֵינֵי שִׁפְחָה אֶל יַד גְּבִרְתָּהּ כֵּן עֵינֵינוּ אֶל יהוה אֱלֹהֵינוּ עַד שֶׁיְּחָנֵּנוּ"

(תהלים קכג, ב)

בעת העתיקה הסוס שימש פחות לבהמת עבודה ויותר לחיה שהיא בת לוויה לבני האדם במלחמות ובמסעות. הסוסים במקרא אינם מוזכרים כבהמות עבודה אלא כבהמות רכיבה שנועדו לנסוע למרחקים.

שלא כחמורים שאינם יוצרים קשר אישי עם בני האדם, הסוסים נקשרים במקרים רבים אל האדון שלהם. במקרה של סוסי מלחמה הקשר בין הסוס לרוכבו יכול להיות קרוב מאוד. הסוסים נאמנים לרוכביהם עד כדי כך שלפעמים ראו אנשים בסוס ורוכבו יצור אחד. בהקשר הזה, המעלה של הסוס, זו שמכוחה הוא אומר שירה, היא הנאמנות. הסוס אומר: **"הִנֵּה כְעֵינֵי עֲבָדִים אֶל יַד אֲדוֹנֵיהֶם כְּעֵינֵי שִׁפְחָה אֶל יַד גְּבִרְתָּהּ כֵּן עֵינֵינוּ אֶל יהוה אֱלֹהֵינוּ עַד שֶׁיְּחָנֵּנוּ"** – השירה של הסוס היא שירה שכולה נאמנות וביטחון גמור באדון העולם שיסייע ויושיע אותנו.

פֶּרֶד אוֹמֵר: "יוֹדוּךָ יהוה כָּל מַלְכֵי אָרֶץ כִּי שָׁמְעוּ אִמְרֵי פִיךָ"

(תהלים קלח, ד)

פרדים אינם נולדים מפרדים, אלא מהכלאה של חמור עם סוסה. משום כך, אף על פי שיכלו להיווצר פרדים בצורה לא מכוונת – בישראל לא היו הפרדים שכיחים שכן היו צריכים לקנות אותם מאחרים. מבחינה זו הפרדים בהקשר היהודי הם יצורים פרודים, אין עדרים של פרדים. הפרדים הם חיות שימושיות, נוסף על רוב היתרונות של הסוסים שיש להם, יש להם גם יתרונות משלהם: הם חזקים ויציבים מן הסוסים.

במקרא, וגם בדברי חז"ל, נראה שהשתמשו בפרדים לא לעבודה אלא לרכיבה, בעיקר בשביל אנשים חשובים. כך מוזכר על בני המלך דוד שרוכבים על פרדים (שמואל ב יג, כט), וכן שלמה המלך בטקס משיחתו הובל רכוב על פרד (מלכים א א, לג). גם בתלמוד (יומא מט.) מסופר שלרבי יהודה הנשיא היו פרדות לבנות, מה שהיה ככל הנראה סמל למעמד, עושר וגדולה.

הפרד אומר: **"יוֹדוּךָ יהוה כָּל מַלְכֵי אָרֶץ"**; הפרד מדבר על מלכים מפני שהוא רכב השירות של מלכי הארץ, הוא שייך להם ומכיר את עולמם. הפרד פונה כביכול אל המלכים ואומר שגם הם, מלכי הארץ, צריכים להתבטל אל הקדוש ברוך הוא ולקבל את מרותו.

חֲמוֹר אוֹמֵר: "לְךָ יהוה הַגְּדֻלָּה וְהַגְּבוּרָה וְהַתִּפְאֶרֶת וְהַנֵּצַח וְהַהוֹד כִּי כֹל בַּשָּׁמַיִם וּבָאָרֶץ לְךָ יהוה הַמַּמְלָכָה וְהַמִּתְנַשֵּׂא לְכֹל לְרֹאשׁ"

(דברי הימים א כט, יא)

החמור אינו חיה מפוארת ובדרך כלל רכבו עליו מסיבות של עניות או צניעות. החמורים שימשו גם לעבודה אבל בעיקר שימשו לרכיבה ולהובלת משאות קטנים. החמורים הם יצורים ממושמעים ויציבים שעושים את המלאכה שלהם כראוי.

החמורים נזכרים רבות במקרא ובחז"ל: כשאברהם הולך לעקדה, הוא הולך עם חמור, וכשמשה רבנו חוזר למצרים הוא מרכיב את אשתו וילדיו על חמור. החמור הוא גם סמל לשבט יששכר והוא מסמל שקט, שלווה, סבלנות ועבודה קשה ונאמנה. החמורים מופיעים בצמתים רבים בתולדות ישראל כולל בתיאור המשיח לעתיד לבוא המתואר כ"עָנִי וְרֹכֵב עַל חֲמוֹר" (זכריה ט, ט). לא לחינם המשיח רוכב על חמור ולא על סוס, מפני שעל סוס רוכבים אדונים גדולים, ואילו חמור הוא כלי של אנשים עניים, אנשים פשוטים.

בכמה הקשרים מתוארת נאמנות החמור וסמיכותו לבעליו. על החמור נאמר "יָדַע שׁוֹר קֹנֵהוּ וַחֲמוֹר אֵבוּס בְּעָלָיו" (ישעיה א, ג) - החמור יודע למי הוא שייך והוא מתנהג בהתאם לכך, בצניעות ובכניעה.

בניגוד לדמותו הבלתי מפוארת של החמור, שירתו המתוארת כאן היא שירה מפוארת מאוד ויש בה צד גרנדיוזי. ייתכן שהחמור כאן מזכיר את חמורו של המשיח, וייתכן גם כי החמור אף שהוא בהמה של עניי, זכה במסורת היהודית להוביל ולהוליך את הדמויות המפוארות והחשובות ביותר בתולדותנו - מאברהם אבינו, עבור במשה רבנו ועד למלך המשיח. החמור צמוד במסורת ישראל לאנשים גדולים ונישאים, ושירתו היא שירת שבח כוללת הנושאת את הפאר, ההדר והשגב של הקדוש ברוך הוא: "**לְךָ יהוה הַגְּדֻלָּה וְהַגְּבוּרָה וְהַתִּפְאֶרֶת וְהַנֵּצַח וְהַהוֹד כִּי כֹל בַּשָּׁמַיִם וּבָאָרֶץ לְךָ יהוה הַמַּמְלָכָה וְהַמִּתְנַשֵּׂא לְכֹל לְרֹאשׁ**".

שׁוֹר אוֹמֵר: "אָז יָשִׁיר מֹשֶׁה וּבְנֵי יִשְׂרָאֵל אֶת הַשִּׁירָה הַזֹּאת לַיהוה וַיֹּאמְרוּ לֵאמֹר אָשִׁירָה לַיהוה כִּי גָאֹה גָּאָה סוּס וְרֹכְבוֹ רָמָה בַיָּם"

(שמות טו, א)

השור מקבל כאן מעמד ושירה משלו, אף על פי שהוא כלול בהגדרה של בהמה גסה טהורה. השור קשור במצוות רבות ובקורבנות רבים, וכן הוא בהמת העבודה האולטימטיבית - הוא יצור חזק מאוד ובנוי לעבודה קשה. הוא הכלי המרכזי של עובד השדה, הטרקטור של הזמן העתיק.

מנגד, השור היה נחשב ליצור של פאר. בראש התהלוכה של הבאת הביכורים היה הולך שור מקושט (משנה ביכורים ג, ג). בימינו, השור אינו נחשב על פי רוב לסמל של יופי ופאר, אבל אפשר לראות בו סמל של עוצמה וכוח שיש בהם גם צד של יופי. השוורים מרשימים ומאיימים מאוד, ולא לחינם נקראים השוורים "אלפים" או "אלופים" – מילים המשמשות גם לתיאור מנהיג. השור נתפס כמי שעומד בראש, שהולך בראש.

המילה 'שור' נדרשת כאן גם מן השורש 'לשיר', לשור יש שירה משלו, והשירה שלו היא: **"אָז יָשִׁיר מֹשֶׁה וּבְנֵי יִשְׂרָאֵל אֶת הַשִּׁירָה הַזֹּאת לַיהוה וַיֹּאמְרוּ לֵאמֹר אָשִׁירָה לַיהוה כִּי גָאֹה גָּאָה סוּס וְרֹכְבוֹ רָמָה בַיָּם"**. במובנים רבים השיר של השור עוסק בשירה עצמה משום שהשור נתפס כיצור ששר, ומשום שיש קשר פנימי בין הקולות הגדולים שהוא תשמיע לבין השירה שהוא שר לקדוש ברוך הוא. השירה של השוורים היא שירה של כוח, של גאווה ושל עוצמה, הם שרים על כוחו של הקדוש ברוך הוא ועל שהוא מתנשא בעוצמתו על פני הכוחות האחרים בעולם.

חַיּוֹת הַשָּׂדֶה אוֹמְרִים: בָּרוּךְ הַטּוֹב וְהַמֵּטִיב.

שירה זו היא ככל כנראה מעין כותרת כללית לכלל החיות המופיעות מכאן ועד סוף הפרק. קודם דובר בבהמות, בחיות הבית, וכאן מדובר בחיות שאינן מבויתות, אלה שחיות בשדה. הרשימה המפורטת בהמשך הפרק קטנה, אך הכותרת כוללת גם את אלה שאינן מוזכרות בהמשך. חיות השדה הן חיות הבר, ולרובן יש אויבים וטורפים, ולכן הן אומרות: "**בָּרוּךְ הַטּוֹב וְהַמֵּטִיב**". הברכה הזאת כללית מאוד והחיות אומרות אותה אף על פי שאיש אינו דואג להן, לא למחסה, לא לאוכל ולא להגנה, הן חיות ומצליחות להתקיים. השירה שלהן היא שבח כללי שהן אומרות לפני הקדוש ברוך הוא על עצם חייהן.

צְבִי אוֹמֵר: "וַאֲנִי אָשִׁיר עֻזֶּךָ וַאֲרַנֵּן לַבֹּקֶר חַסְדֶּךָ כִּי הָיִיתָ מִשְׂגָּב לִי וּמָנוֹס בְּיוֹם צַר לִי"

(תהלים נט, יז)

השיר של הצבי הוא שיר פשוט. הצבי הוא חיה שכל הזמן נרדפת. הצבי איננו חיה גדולה ואין ביכולתו להגן על עצמו מפני אויביו, הדרך היחידה שלו לשרוד היא לברוח. הצבאים הם קלי רגליים מאוד ולכן הפכו לסמל למהירות ולזריזות. במקומות רבים בארץ ישראל אפשר לראות את הצבאים רצים על ההרים ועל הגבעות במהירות רבה. הצבי כל הזמן רץ ובורח, והקדוש ברוך הוא מסייע לו לברוח הלאה ולהמשיך לחיות.

הצבי בעצם אומר לקדוש ברוך הוא: אני מודה לך על שאתה "**מִשְׂגָּב לִי**", על כך שאתה "**מָנוֹס בְּיוֹם צַר לִי**". שירת הצבי היא שירת הנרדף והבורח המודה לקדוש ברוך הוא על נס הצלתו.

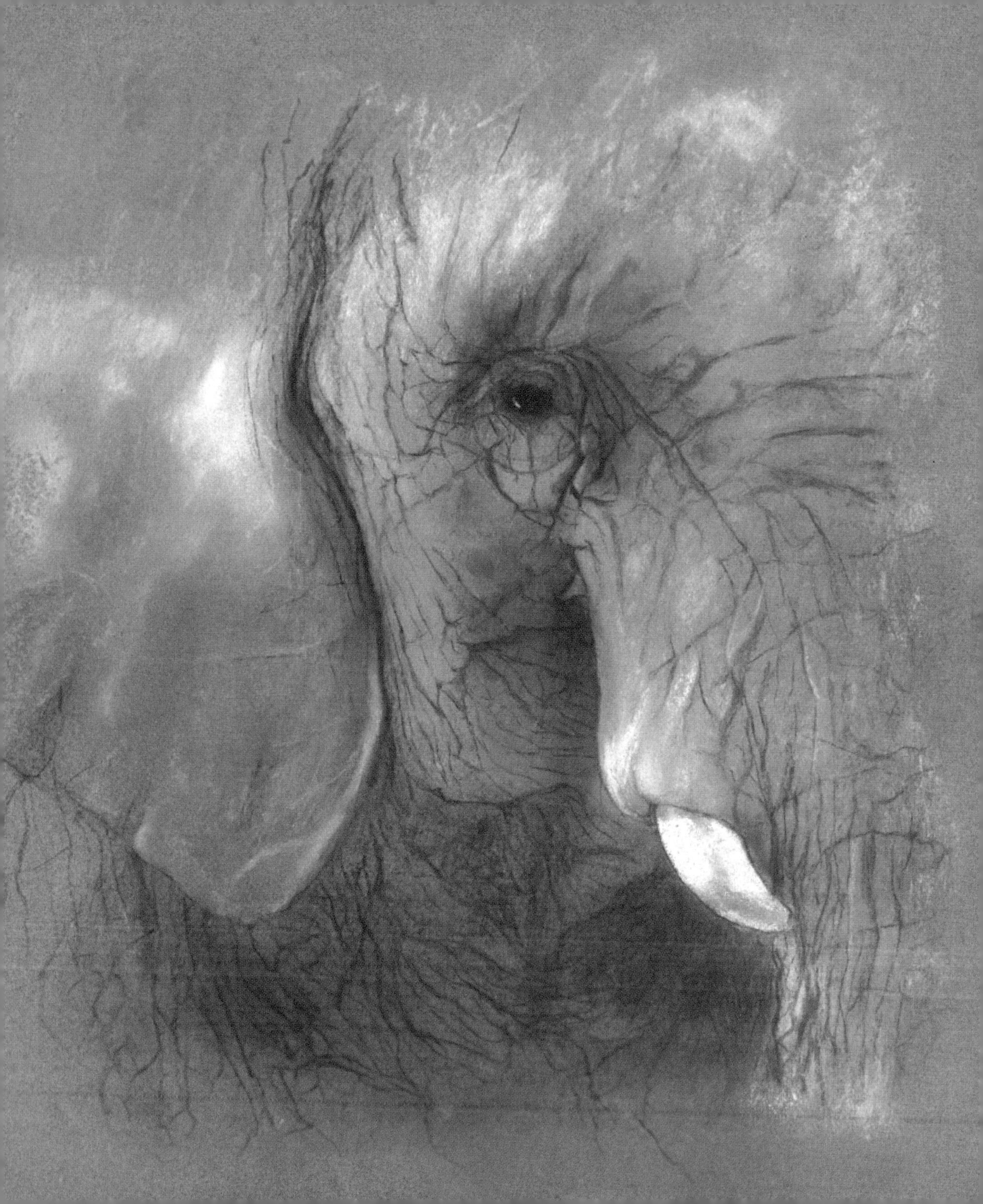

פִּיל אוֹמֵר: "מַה גָּדְלוּ מַעֲשֶׂיךָ יהוה מְאֹד עָמְקוּ מַחְשְׁבֹתֶיךָ"

(תהלים צב, ו).

הפיל הוא חיה גדולה, בכל יצורי היבשה אין יצורים גדולים יותר מהפילים. אי אפשר להתעלם ממנו, בכל מקום שהוא מסתובב בו רואים אותו ומבחינים בו. הפיל בעצם נוכחותו מבטא בפשטות את הקריאה "**מַה גָּדְלוּ מַעֲשֶׂיךָ יהוה**".

חוץ מגודלו הניכר, הפיל מבטא גם איכות אחרת. הפילים נחשבים ליצורים חכמים ובעלי אינטליגנציה גבוהה. הפיל אינו רק יצור ענק אלא גם יצור חכם, ולכן הפסוק שלו כולל גם את השבח: "**מְאֹד עָמְקוּ מַחְשְׁבֹתֶיךָ**". השירה של הפיל היא שירה על קיומו של יצור מרשים החורג מן הממדים הרגילים של היצורים, יצור שנוכחותו מספרת על גדולתו וחוכמתו של הקדוש ברוך הוא.

אַרְיֵה אוֹמֵר: "יהוה כַּגִּבּוֹר יֵצֵא כְּאִישׁ מִלְחָמוֹת יָעִיר קִנְאָה יָרִיעַ אַף יַצְרִיחַ עַל אֹיְבָיו יִתְגַּבָּר"

(ישעיה מב, יג)

האריה נחשב תמיד לסמל של גבורה, והופעתו בעולם היא כשל "**גִּבּוֹר יֵצֵא**". האריה הוא חיית טרף, הוא "**אִישׁ מִלְחָמוֹת**", חיה המטילה מורא על סביבותיה. שאגת האריה היא מעין קריאת מלחמה - "**יָרִיעַ אַף יַצְרִיחַ**" והיא מכריזה לעולם על גבורתו וכוחו. לאריה אין הרבה אויבים טבעיים, אבל את יחסו לאלה שהוא נלחם בהם אפשר לתאר בביטוי: "**עַל אֹיְבָיו יִתְגַּבָּר**".

גבורתו של האריה היא סמל לגבורתו ועוצמתו של הקדוש ברוך הוא. שירת האריה היא שירת גבורה, שירת ניצחון המבטאת את כוחו של הקדוש ברוך בעולם.

דֹּב אוֹמֵר: "יִשְׂאוּ מִדְבָּר וְעָרָיו חֲצֵרִים תֵּשֵׁב קֵדָר יָרֹנּוּ יֹשְׁבֵי סֶלַע מֵרֹאשׁ הָרִים יִצְוָחוּ. יָשִׂימוּ לַיהוה כָּבוֹד וּתְהִלָּתוֹ בָּאִיִּים יַגִּידוּ"

(ישעיה מב, יא)

דובים חיים במקומות שונים אלה מאלה. הם חיים בהרים ובבקעות, ביערות ובמדבריות – **"יִשְׂאוּ מִדְבָּר וְעָרָיו"** – ואפילו באיים, ואליהם הם יכולים להגיע בשחייה – **"וּתְהִלָּתוֹ בָּאִיִּים יַגִּידוּ"**. הדובים עוברים ממקום למקום ומחפשים את טרפם ואת מזונם. אף על פי שהדובים אינם שואגים הם משמיעים קול אופייני הנשמע למרחוק. השירה של הדובים באה ממקומות שונים, ממקומות מרוחקים – הדובים צועקים את כבוד ה' ואת תהילתו מן הפינות הנידחות של העולם.

זְאֵב אוֹמֵר: "עַל כָּל דְּבַר פֶּשַׁע עַל שׁוֹר עַל חֲמוֹר עַל שֶׂה עַל שַׂלְמָה עַל כָּל אֲבֵדָה אֲשֶׁר יֹאמַר כִּי הוּא זֶה עַד הָאֱלֹהִים יָבֹא דְּבַר שְׁנֵיהֶם אֲשֶׁר יַרְשִׁיעֻן אֱלֹהִים יְשַׁלֵּם שְׁנַיִם לְרֵעֵהוּ"

(שמות כב, ח)

הזאב הוא חיית טרף שהייתה מצויה מאוד בארץ בזמני קדם, והוא חי בה בתפוצה מצומצמת יותר אף בימינו אנו. הזאבים חיים בלהקות בשטחי הבר, ולעיתים נדירות מגיעים למקומות יישוב וטורפים גם בהם.

מנקודת המבט של האדם הזאבים הם השודדים האולטימטיביים של עולם החי. הזאב אינו נתפס כאן כחיית בר בעלמא, אלא כיצור ששודד, חוטף וגונב מנכסי בני האדם, ועל כן יש להילחם בו ולהענישו.

שירתו של הזאב היא על חייו הפליליים כביכול. הפסוק של הזאב מדבר על מי שגונב ושודד ועל הצדק שנעשה בו: **"עַל כָּל דְּבַר פֶּשַׁע עַל שׁוֹר עַל חֲמוֹר עַל שֶׂה עַל שַׂלְמָה עַל כָּל אֲבֵדָה אֲשֶׁר יֹאמַר כִּי הוּא זֶה עַד הָאֱלֹהִים יָבֹא דְּבַר שְׁנֵיהֶם אֲשֶׁר יַרְשִׁיעֻן אֱלֹהִים יְשַׁלֵּם שְׁנַיִם לְרֵעֵהוּ"**. שירת הזאב אינה כוללת דברי שבח, והיא מעין דברי מוסר שאפשר ללמוד מהתנהגותו של הזאב וממשפט הצדק שנעשה בו.

שׁוּעַל אוֹמֵר: "הוֹי בֹּנֶה בֵיתוֹ בְּלֹא צֶדֶק וַעֲלִיּוֹתָיו בְּלֹא מִשְׁפָּט בְּרֵעֵהוּ יַעֲבֹד חִנָּם וּפֹעֲלוֹ לֹא יִתֶּן לוֹ"

(ירמיה כב, יג)

השועל מפורסם באגדות כיצור ערמומי מאוד. השועלים נחשבים לסמל של עורמה, וחכמים אמרו (קידושין פב:) שלו השועלים היו בני אדם, הם היו נעשים חנוונים – אנשים שעוסקים במסחר קטן ומרמים את הבריות כאשר מזדמן להם. השועל איננו שודד חזק כמו הזאב, אלא יצור קטן יחסית המתגנב בשקט וגונב. הרעה שהוא גורם אינה מתאפיינת באלימות גדולה אלא בעורמה ותחבולות.

השועל אומר: **"הוֹי בֹּנֶה בֵיתוֹ בְּלֹא צֶדֶק וַעֲלִיּוֹתָיו בְּלֹא מִשְׁפָּט בְּרֵעֵהוּ יַעֲבֹד חִנָּם וּפֹעֲלוֹ לֹא יִתֶּן לוֹ"**, הפסוק של השועל מדבר על האדם הלא ישר, האדם המנסה להרוויח על חשבון זולתו. כמו בשירת הזאב, שירת השועל אינה שירת שבח אלא שירת מוסר המלמדת את האדם כיצד יש לנהוג ומאיזו התנהגות עליו להתרחק.

זַרְזִיר אוֹמֵר: "רַנְּנוּ צַדִּיקִים בַּיהוה לַיְשָׁרִים נָאוָה תְהִלָּה"

(תהלים לג, א)

הזרזיר המופיע כאן איננו ציפור הזרזיר שהופיעה כבר בפרק על שירת העופות. הזרזיר כאן הוא היצור שנזכר בספר משלי (ל, לא): "זַרְזִיר מָתְנַיִם", שהוא כפי הנראה סוג של כלב ציד זריז. הזרזיר אומר: **"רַנְּנוּ צַדִּיקִים בַּיהוה לַיְשָׁרִים נָאוָה תְהִלָּה"**.

הזרזיר משמש חיית ציד בשביל בני האדם; יושרו מתבטא בכך שהוא עושה את מלאכתו ולוכד את החיות למען אדונו ולא למען עצמו. הזרזיר רודף אחרי הטרף, משיג אותו ולפעמים גם הורג אותו – אך משאיר אותו לבעליו. במובן הזה הזרזיר יכול להתברך בישרותו ובצדיקותו ומכוח תכונות אלו הוא משבח את ה'. שירתו של הזרזיר היא שירה של היצורים הישרים והנאמנים שמשבחים את הקדוש ברוך הוא ומשתבחים בו.

חָתוּל אוֹמֵר: "אֶרְדּוֹף אוֹיְבַי וְאַשִּׂיגֵם וְלֹא אָשׁוּב עַד כַּלּוֹתָם"

(תהלים יח, לח)

החתול, אף על פי שהוא חיית בית, נותר עדיין קצת בגדר של חיית השדה. החתול אומנם מבוית, אבל שמר על מאפיינים פראיים במקצת. גם מבחינה היסטורית לא ברור לחלוטין מתי בוית החתול, ונראה שלפחות באזורים מסוימים הוא בוית בשלבים מאוחרים מאוד.

החתול, לולא היה קטן – היה בוודאי חיה מפחידה מאוד; אבל בגלל גודלו הקטן, היום כמו בעבר, הוא גדל בבית כדי שיתפוס עכברים ושאר שרצים קטנים. הפסוק של החתול מתאר כיצד החתול אורב ליצורים הקטנים שאחריהם הוא רודף: **"אֶרְדּוֹף אוֹיְבַי וְאַשִּׂיגֵם וְלֹא אָשׁוּב עַד כַּלּוֹתָם"**. החתול רודף את אויביו, ומתמיד בזה מאוד, בין שהוא צד עכברים ובין שהוא צד נחשים או שרצים אחרים – הוא אורב להם ומנסה לתפוס אותם. לכן זו היא שירתו: **"אֶרְדּוֹף אוֹיְבַי וְאַשִּׂיגֵם"**. החתול אינו סתם חיית מחמד, יש לו תפקיד. הוא רודף וגם תופס, זו שליחותו. שירת החתול היא שירה של חיה שתפקידה לארוב לאויבים וללכוד אותם, שירה של יצור המשבח את הקדוש ברוך הוא על שהוא מצליח למלא את תפקידו.

פרק שישי

הפרק השישי עוסק בעיקרו בשרצים ובשירה
שהם אומרים.

שְׁרָצִים אוֹמְרִים: "יִשְׂמַח יִשְׂרָאֵל בְּעֹשָׂיו בְּנֵי צִיּוֹן יָגִילוּ בְמַלְכָּם"

(תהלים קמט, ב)

המונח 'שרצים', שמופיע בלשון חכמים ומקורו בלשון המקרא, איננו הגדרה של קבוצה זואולוגית, אלא של קבוצה שהכלולים בה דומים זה לזה דמיון צורני או מורפולוגי. שרצים הם כל היצורים הקטנים בקומה, שאין להם רגליים גבוהות, ולכן הם אינם נראים כהולכים ממש אלא כשורצים, רומשים, על האדמה. כיוון שהחלוקה הזאת מבוססת רק על מראית העין, נכנסים לקבוצה הזאת יצורים שמבחינה זואולוגית עשויים להשתייך למחלקות שונות מאוד זו מזו, הם מקובצים יחד משום שמבחינת ההסתכלות האנושית, שאיננה מלומדת – כל היצורים הנמוכים והקטנים שייכים לקבוצה הרומשת על פני האדמה.

השבח של השרצים מפתיע: "**יִשְׂמַח יִשְׂרָאֵל בְּעֹשָׂיו בְּנֵי צִיּוֹן יָגִילוּ בְמַלְכָּם**". נראה שבעיקרו של דבר היצורים האלה מודים על שהם נבראו בעולם. אנחנו, בני האדם, לא תמיד מרגישים שיש בהם צורך, אבל הם מודים לקדוש ברוך הוא שעשה אותם. "**יִשְׂמַח יִשְׂרָאֵל בְּעֹשָׂיו בְּנֵי צִיּוֹן יָגִילוּ בְמַלְכָּם**" פירושו שישראל שמחים במי שעשה אותם, בלי קשר למעשיהם.

מנגד, יש כאן איזו התקה של נקודת המבט האנושית. בפרק שירה יש יצורים רבים, ומקצתם נתפסים נעלים יותר ומרוממים יותר מיצורים אחרים. בשירה של השרצים הם מודיעים כביכול על הערך שיש להם בעיני הקדוש ברוך הוא, והקדוש ברוך הוא יצר אותם, והם שמחים בכך וממליכים אותו למלך עליהם.

הקדוש ברוך הוא ברא את השרצים איך שהם בלי להסביר למה ומדוע, וכך מוסבר הפסוק המפתיע מעט של השרצים – "**יִשְׂמַח יִשְׂרָאֵל בְּעֹשָׂיו בְּנֵי צִיּוֹן יָגִילוּ בְמַלְכָּם**"; הם אומרים בעצם כן: אנחנו ברואיו של הקדוש ברוך הוא, ומשום כך אנחנו מודים לו – כפי שישראל שמחים על עצם בריאתם.

אֵלִים שֶׁבַּשְּׁרָצִים אוֹמְרִים: "אֶשְׁתְּךָ כְּגֶפֶן פֹּרִיָּה בְּיַרְכְּתֵי בֵיתֶךָ בָּנֶיךָ כִּשְׁתִלֵי זֵיתִים סָבִיב לְשֻׁלְחָנֶךָ"

(תהלים קכח, ג)

יש שרצים קטנים עד כדי כך שכמעט שאין מבחינים בהם. אך יש גם שרצים גדולים, "אלים שבשרצים". מבחינת ההגדרה המורפולוגית גם תנין הוא שרץ, משום שהוא יצור בעל רגליים שאינן מגביהות אותו הרבה מעל הקרקע, והוא נראה כאילו הוא זוחל על פני האדמה.

את האלים שבשרצים רואים; הם גדולים וניכרים. יש מהיצורים האלה שלהם צאצאים רבים מאוד. הם מטילים ביצים רבות שבוקעות בבת אחת, או שהם משריצים ולדות חיים שנולדים סמוך זה לזה, וכך אפשר לראות את הבוגרים וסביבם צאצאיהם הרבים. תיאור זה מתאים לפסוק שהם אומרים: **"אֶשְׁתְּךָ כְּגֶפֶן פֹּרִיָּה בְּיַרְכְּתֵי בֵיתֶךָ בָּנֶיךָ כִּשְׁתִלֵי זֵיתִים סָבִיב לְשֻׁלְחָנֶךָ"** משום שאלו יצורים שמשפחתם נראית סביבם.

הדימוי של הגפן ושתילי הזיתים מדבר על שבחה של המשפחה האנושית, אישה ואיש וילדיהם הסמוכים להם. זהו התיאור הקלסי של משפחה מבורכת. תמונת הברכה הזאת משויכת כאן לתמונה שבה השרצים הבוגרים מוקפים בצאצאיהם, אף שתמונה זו איננה בדיוק הדימוי הטבעי שלנו למשפחה אנושית מבורכת.

מבחינה זו, יש בפרק שירה פן של ראיית המכלול של הבריאה; לא רק ברואים יפים, גדולים ומפוארים אלא גם יצורים שאיננו שמים לב אליהם, והם עולם שלם בפני עצמו. לכל אחד מיצורים אלו עולמו שלו, וכשאנחנו נחשפים לשירה שלהם ולתמונת המציאות והקיום שלהם – אנו מקבלים תמונה אחרת על העולם.

פרק שירה מבטא תבנית כוללנית מאוד של ראיית העולם, עולם שיש בו יצורי מעלה ויצורי מטה, יצורים חשובים ויצורים שאינם חשובים, ולכל אחד מהיצורים האלו – שאולי במבנה העולם שלנו ובתפיסה שלנו אינם חשובים כלל – יש שיר משלו לשיר לקדוש ברוך הוא.

נָחָשׁ אוֹמֵר: "סוֹמֵךְ יהוה לְכָל הַנֹּפְלִים וְזוֹקֵף לְכָל הַכְּפוּפִים"

(תהלים קמה, יד)

הנחש, שהוא בעצמו גם שרץ, זוכה לפסוק משל עצמו בגלל מרכזיותו בחוויה האנושית ובסיפורי התורה. הנחש אומר: "**סוֹמֵךְ יהוה לְכָל הַנֹּפְלִים וְזוֹקֵף לְכָל הַכְּפוּפִים**". הנחש "נופל", הוא "כפוף", אין לו רגליים, והוא זוחל על הארץ, אבל הקדוש ברוך הוא דואג גם לו, הקדוש ברוך הוא סומך גם אותו. הנחש, אף שהוא נפול, כפוף וזוחל על הארץ, יכול בכל זאת לשיר את השירה שלו, הוא יכול לשיר על עזרתו של הקדוש ברוך הוא ועל שהוא נותן לו את מזונו.

במובן עמוק יותר, שירת הנחש מתקשרת אל מה שאמרו חכמים (בראשית רבה כ, ה) על הנחש בספר בראשית, שהיו לו רגלים והן נקצצו. הנחש קולל בתורה (בראשית ג, יד) "עַל גְּחֹנְךָ תֵלֵךְ". הוא היצור שעבר את הנפילה הגדולה ביותר, מיצור מרומם ובעל חשיבות ליצור נחות.

יתר על כן, הנחש מבטא בספרות המדרש והסוד את המהות של הרע, של הנפילה ושל השלילה. השאלה שנרמזת כאן היא: האם תהיה לנחש תקנה? האם הנחש מקולל לנצח? האם בזמן הגאולה והתיקון השלם יתרפא הנחש? שירת הנחש היא במובן זה שירת תקווה המדברת אולי לא רק על שהנחש במצבו הנחות מצליח לשרוד בחסד ה', אלא גם על הזמן שבו הקדוש ברוך הוא יזקוף את הנופל, והדברים הנפולים והנחותים ישובו אל מקומם.

עקרב אומר: "טוֹב יהוה לַכֹּל וְרַחֲמָיו עַל כָּל מַעֲשָׂיו"

(תהלים קמה, ט)

בתוך המערכת האנושית הרגילה העקרבים אינם נתפסים יצורים מועילים. בדרך כלל איננו רואים אותם ואיננו שמים דעתנו עליהם, ואנחנו שמים לב אליהם בעיקר כאשר הם עוקצים אותנו. עקיצת העקרב היא כל כך בלתי נעימה שהיא נעשתה לביטוי בלשון חכמים, על החכמים עצמם אומרים ש"עקיצתן, עקיצת עקרב" (אבות ב, י).

בדומה לשרצים האחרים גם העקרב נתפס כאן כיצור שאין רואים כיצד הוא מביא תועלת מיוחדת לעולם. שירת העקרבים היא שירת הודאה כללית: **"טוֹב יהוה לַכֹּל וְרַחֲמָיו עַל כָּל מַעֲשָׂיו"**. הקדוש ברוך הוא טוב ל**"כָּל מַעֲשָׂיו"**, גם לעקרב יש חלק באהבתו ובטובו של הבורא לברואיו. העקרב אולי אינו צדיק, ואולי אינו עושה דברים גדולים; הוא יצור שחי את חייו, טורף ואוכל בפינה שלו מתחת לאבנים, ואנחנו מצידנו מקווים שלא לפגוש בו. אבל מנקודת המבט של הקדוש ברוך הוא הוא יצור הזכאי לטוב ולרחמים. מבחינה זו, פרק שירה רואה את העולם דרך העיניים של כל היצורים, ולא דווקא דרך העיניים שלנו.

שַׁבְּלוּל אוֹמֵר: "כְּמוֹ שַׁבְּלוּל תֶּמֶס יַהֲלֹךְ נֵפֶל אֵשֶׁת בַּל חָזוּ שָׁמֶשׁ"

(תהלים נח, ט)

השבלול גם הוא זוחל על פני האדמה, אבל מבחינה זואולוגית אין הוא נמנה עם בעלי החיים האחרים שבפרק הזה. הנחש שייך לזוחלים, העקרב שייך לפרוקי הרגליים, והשבלול שייך למחלקת הרכיכות. כל אחד מהם הוא יצור שונה לגמרי, מבחינה זואולוגית, ומכל בחינה אחרת.

כשהשבלול הולך הוא משאיר אחריו פס של ריר שהוא מפריש מתוכו ועליו הוא זוחל, עד שנראה כאילו הוא נמס והולך. בכלל, השבלול נתפס כיצור שאין לו כביכול קיום, אין לו דבר. הוא מזכיר **"נֵפֶל אֵשֶׁת בַּל חָזוּ שָׁמֶשׁ"** - נפל שנולד לאישה, ולא ראה את השמש.

השבלול נתפס כאן כמעין יצור שכמעט שאינו קיים, אך עם זה הוא יצור במובן זה שהקדוש ברוך הוא יצר אותו, ועל כן הוא בעל משמעות ויש לו שירה בתוך השירה הכוללת של המציאות. כל היצורים שרים לקדוש ברוך הוא, ובהם גם השבלול שר את שירו.

נְמָלָה אוֹמֶרֶת: "לֵךְ אֶל נְמָלָה עָצֵל רְאֵה דְרָכֶיהָ וַחֲכָם"

(משלי ו, ו)

הפרק עובר שוב למערכת זואולוגית אחרת: לחרקים. בדומה לשאר היצורים שבפרק זה, גם כאן יש התקה של תמונת המציאות שלנו כבני אדם הגורמת לנו להתבונן העולם מתוך חוויית הקיום של היצורים שלכאורה הם בלתי חשובים. הנמלים ממלאות את בעולם, אך על פי רוב בני האדם אינם רואים בהן יצורים רבי חשיבות. השירה של הנמלה היא קריאה אל האדם להתבונן בנמלה וללמוד ממנה לקח ומוסר.

הנמלה אומרת: **"לֵךְ אֶל נְמָלָה עָצֵל רְאֵה דְרָכֶיהָ וַחֲכָם"** (משלי ו, ו). הנמלים מוצגות כמה פעמים בספר משלי כיצורים שאפשר ללמוד ממעשיהם התנהגות נאותה. הנמלה היא מופת של חריצות, ארגון ועמל מדוקדק, ובני אדם יכולים ללמוד ממנה רבות. מבחינת בני האדם הנמלה היא אולי יצור שאינו מועיל במיוחד, אך שירתן קוראת לבני האדם להתבונן בהן וללמוד ממעשיהן. במובן זה שירת הנמלה היא אחת היסודות של פרק שירה – היא קוראת לאדם לצאת מעצמו וללמוד על העולם ועל הקדוש ברוך הוא דרך עיניים של יצורים אחרים.

עַכְבָּר אוֹמֵר: "וְאַתָּה צַדִּיק עַל כָּל הַבָּא עָלַי כִּי אֱמֶת עָשִׂיתָ וַאֲנִי הִרְשָׁעְתִּי"

(על פי נחמיה ט, לג)

בתלמוד (הוריות יג, א) נשאלת השאלה: מדוע הכול מושלים בעכברים? חתולים, כלבים ויצורים רבים נוספים - כולם מושלים בעכברים. התשובה שהתלמוד נותן היא שהעכברים "סורן [יצרם] רע"; הם רשעים. העכברים אוכלים ומשחיתים אפילו דברים שאינם מזינים אותם, כמו בגדים או ידיות של כלים.

מנקודת המבט של האדם, העכברים הם יצורים מזיקים, ועל כן הפסוק של העכבר הוא הודאה באשמה. העכבר אומר: באמת איני מביא הרבה תועלת, אני מזיק ולכן הכול רוצים ברעתי. העכבר מצדיק את הדין ואומר: **"וְאַתָּה צַדִּיק עַל כָּל הַבָּא עָלַי"**. העכבר מודה שאינו מתנהג התנהגות הגונה, ועדיין הוא אומר שירה! שירה של הודאה על האמת ושל צידוק הדין. העכבר אומר שירה, ובעצם זו שירת חייו, שאינם קלים. העכברים אולי לא היו יוצאים זכאים בדין ולכן הם סובלים, כל הזמן אוכלים אותם ומשמידים אותם, ועם זה הם עדיין חיים! לכן העכבר אומר: אני מוכה כי ראוי לי להיות מוכה, ואני חי בכל זאת ומודה לה'.

חֻלְדָּה אוֹמֶרֶת: "כֹּל הַנְּשָׁמָה תְּהַלֵּל יָהּ הַלְלוּיָהּ"

(תהלים קנ, ו)

על החולדות איננו יכולים להגיד שהן מביאות לנו תועלת כלשהי. מבחינה אנושית החולדה גרועה מן העכבר, היא גדולה ומזיקה מן העכבר ואף מעבירה מחלות, רבות מן המגפות הגדולות שהיו בעולם קשורות כנראה למסעות החולדות. החולדות, אף על פי שלא כל כך רואים אותן, מתרוצצות כמעט בכל מקום שבו יש בני אדם, ומספרן עצום. החולדה היא כמעט בהגדרה יצור לא רצוי, ושירתה עומדת על הנקודה היסודית של פרק שירה.

החולדה אומרת: **"כֹּל הַנְּשָׁמָה תְּהַלֵּל יָהּ הַלְלוּיָהּ"**, אין זו שירה על חסד כזה או אחר, אין זו שירה שעוסקת בתכונות ובתפקידים שהיצורים ממלאים בעולם. זו שירה שעומדת על עצם הקיום, על עצם הנשמה הקיימת ביצור באשר הוא יצור. הרעיון הכללי של פרק שירה הוא שכל דבר שיש בו מידה כלשהי של חיות אומר תהילה לקדוש ברוך הוא, על עצם קיומו וחיותו. כל הנשמות מהללות את הקדוש ברוך הוא במקהלה אחת גדולה. במקהלה הזאת יש קולות ערבים, נאים ומשובחים, אך ישנו גם קולה של החולדה. ייתכן שמבחינתנו קשה למצוא צידוק לחולדות, אבל מנקודת המבט של הקדוש ברוך הוא – **"כֹּל הַנְּשָׁמָה תְּהַלֵּל יָהּ הַלְלוּיָהּ"**.

כְּלָבִים אוֹמְרִים: "בֹּאוּ נִשְׁתַּחֲוֶה וְנִכְרָעָה נִבְרְכָה לִפְנֵי יהוה עֹשֵׂנוּ"

(תהלים צה, ו)

הכלבים אינם נמנים על הגדרת השרצים, מפני שכאמור היצורים שמוגבהים מעל לארץ אינם קרויים שרצים. שירת הכלבים מופיעה כאן משום שזהו הקטע היחידי שיש עליו ביאור, ואולי לכן רצו לחתום בו את המדרש כולו.

הכלבים, במיוחד הכלבים הראשונים, התחילו כנראה את חייהם עם בני האדם. במקומות רבים נראה שהם נטפלים לבני האדם וסובבים סביבם, אך כפי הנראה אין יצור אחר בעולם שבני האדם תרבתו אותו בצורה כל כך מעמיקה כמו הכלב. עד כדי כך שהכלבים, כביכול, מצרפים את עצמם לתוך המשפחה האנושית יותר מכל יצור אחר. בתרבויות רבות נתנו לכלבים מעמד חשוב מאוד, אך בתרבות היהודית הכלב נתפס בדרך כלל כיצור שלילי.

שירת הכלבים היא שירה על כניעותם, על היכולת שלהם לכרוע, להשתחוות ולקבל מרות. השירה של הכלבים מסיימת ומסכמת את פרק שירה כולו. בעצם מהותו, פרק שירה מבטא את הרעיון שכל היצורים בעולם אומרים תהילה לה' על שברא אותם. כל היצורים אומרים בעצם את אותו הדבר: אנחנו כפי שאנחנו, מפני שהקדוש ברוך הוא ברא אותנו כאלה; אנחנו יכולים לעשות טוב או רע, אבל אנחנו מקבלים את מרותו ומשתחווים לו.

קטע זה שמקורו אינו ידוע נספח לפרק שירה משום שהוא מבטא תמיהה מסוימת על מה שנאמר בפרק שירה:

רַבִּי יְשַׁעְיָה תַּלְמִידוֹ שֶׁל רַבִּי חֲנִינָא בֶּן דּוֹסָא הִתְעַנָּה חָמֵשׁ וּשְׁמוֹנִים תַּעֲנִיּוֹת. אָמַר: כְּלָבִים שֶׁכָּתוּב בָּהֶם "וְהַכְּלָבִים עַזֵּי נֶפֶשׁ לֹא יָדְעוּ שָׂבְעָה" (ישעיה נו, יא) **יִזְכּוּ לוֹמַר שִׁירָה? עָנָה לוֹ מַלְאָךְ מִן הַשָּׁמַיִם וְאָמַר לוֹ: יְשַׁעְיָה, עַד מָתַי אַתָּה מִתְעַנֶּה עַל זֶה הַדָּבָר? שְׁבוּעָה הִיא מִלִּפְנֵי הַמָּקוֹם בָּרוּךְ הוּא, מִיּוֹם שֶׁגִּלָּה סוֹדוֹ לַחֲבַקּוּק הַנָּבִיא לֹא גִּלָּה דָּבָר זֶה לְשׁוּם בְּרִיָּה בָּעוֹלָם. אֶלָּא בִּשְׁבִיל שֶׁתַּלְמִידוֹ שֶׁל אָדָם גָּדוֹל אַתָּה, שְׁלָחוּנִי מִן הַשָּׁמַיִם לְהִזְדַּקֵּק אֵלֶיךָ לְהַגִּיד לְךָ בַּמֶּה זָכוּ כְּלָבִים לוֹמַר שִׁירָה. לְפִי שֶׁכָּתוּב בָּהֶם "וּלְכֹל בְּנֵי יִשְׂרָאֵל לֹא יֶחֱרַץ כֶּלֶב לְשֹׁנוֹ", וְלֹא עוֹד אֶלָּא שֶׁזָּכוּ לְעַבֵּד מִצּוֹאָתָם עוֹרוֹת שֶׁכּוֹתְבִין בָּהֶם תְּפִלִּין וּמְזוּזוֹת וְסִפְרֵי תוֹרָה. עַל כֵּן זָכוּ לוֹמַר שִׁירָה. וּלְעִנְיַן הַשְּׁאֵלָה שֶׁשָּׁאַלְתָּ חֲזוֹר לַאֲחוֹרֶיךָ וְאַל תּוֹסִיף בַּדָּבָר הַזֶּה עוֹד, כְּמוֹ שֶׁכָּתוּב "שׁוֹמֵר פִּיו וּלְשׁוֹנוֹ שׁוֹמֵר מִצָּרוֹת נַפְשׁוֹ"** (משלי כא, כג)**: בָּרוּךְ יהוה לְעוֹלָם אָמֵן וְאָמֵן: בָּרוּךְ יהוה מִצִּיּוֹן שׁוֹכֵן יְרוּשָׁלָיִם הַלְלוּיָהּ: בָּרוּךְ יהוה אֱלֹהִים אֱלֹהֵי יִשְׂרָאֵל עֹשֵׂה נִפְלָאוֹת לְבַדּוֹ: וּבָרוּךְ שֵׁם כְּבוֹדוֹ לְעוֹלָם וְיִמָּלֵא כְבוֹדוֹ אֶת כָּל הָאָרֶץ אָמֵן וְאָמֵן:**

לאחר פרק שירה אומרים: **רַבִּי יְשַׁעְיָה תַּלְמִידוֹ שֶׁל רַבִּי חֲנִינָא בֶּן דּוֹסָא** שמו של חכם זה אינו ידוע ממקורות אחרים, לפי האמור כאן הוא היה מתלמידיו של רבי חנינא בן דוסא שהיה ידוע רחסידותו. חכם זה **הִתְעַנָּה חָמֵשׁ וּשְׁמוֹנִים תַּעֲנִיּוֹת**. כדי שיזכה להבין את מה שכתוב בפרק שירה על הכלבים. **אָמַר: כְּלָבִים שֶׁכָּתוּב בָּהֶם "וְהַכְּלָבִים עַזֵּי נֶפֶשׁ** ועזותם מתבטאת בכך שהם **לֹא יָדְעוּ שָׂבְעָה"** (ישעיה נו, יא). הכלבים מוצגים כאן הצגה שלילית מאוד, הם מבטאים מהות של עזות ותאוותנות חסר מעצורים, כיצד הכלבים האלו **יִזְכּוּ לוֹמַר שִׁירָה?**

עָנָה לוֹ מַלְאָךְ מִן הַשָּׁמַיִם וְאָמַר לוֹ: יְשַׁעְיָה, עַד מָתַי אַתָּה מִתְעַנֶּה עַל זֶה הַדָּבָר? שְׁבוּעָה הִיא מִלִּפְנֵי הַמָּקוֹם בָּרוּךְ הוּא, מִיּוֹם שֶׁגִּלָּה סוֹדוֹ לַחֲבַקּוּק הַנָּבִיא לֹא גִּלָּה דָּבָר זֶה לְשׁוּם בְּרִיָּה בָּעוֹלָם. ייתכן שטמונה כאן הנחה שחבקוק הנביא, שעליו איננו יודעים כמעט דבר, הוא שגילה את פרק שירה. בספר חבקוק יש צד של שירה ושל מזמור, ואולי לכן מתאים שחבקוק הוא שיגלה את פרק שירה. **אֶלָּא בִּשְׁבִיל שֶׁתַּלְמִידוֹ שֶׁל אָדָם גָּדוֹל אַתָּה, שְׁלָחוּנִי מִן הַשָּׁמַיִם** – התשובה שאתה מקבל היא בזכות רבך הגדול ולא בזכות התעניות שצמת, **לְהִזְדַּקֵּק**, להגיב, **אֵלֶיךָ וּלְהַגִּיד לְךָ בַּמֶּה זָכוּ כְּלָבִים לוֹמַר שִׁירָה. לְפִי שֶׁכָּתוּב בָּהֶם "וּלְכֹל בְּנֵי יִשְׂרָאֵל לֹא יֶחֱרַץ כֶּלֶב לְשֹׁנוֹ"** (שמות יא, יז). הפסוק הזה מתאר כיצד ביציאת מצרים כיבדו הכלבים את בני ישראל ולא נבחו, איימו או נשכו את העם היוצא ממצרים. התנהגות נאה זו היא הסיבה לכך שהכלבים זוכים לשכר, ובשלה הם זכאים לומר שירה לפני הקדוש ברוך הוא.

וְלֹא עוֹד, לא רק שכר זה **אֶלָּא** גם שכר אחר, **שֶׁזָּכוּ לְעַבֵּד מִצּוֹאָתָם עוֹרוֹת** – בעבר היו משתמשים בצואה של כלבים לעיבוד העורות שמהם הכינו קלף **שֶׁכּוֹתְבִין בָּהֶם תְּפִלִּין וּמְזוּזוֹת וְסִפְרֵי תוֹרָה. עַל כֵּן זָכוּ לוֹמַר שִׁירָה. וּלְעִנְיַן הַשְּׁאֵלָה שֶׁשָּׁאַלְתָּ, חֲזוֹר לַאֲחוֹרֶיךָ וְאַל תּוֹסִיף בַּדָּבָר הַזֶּה עוֹד.** ייתכן שהתשובה שקיבלת לא תספק אותך, ייתכן שלא קיבלת את המענה השלם והרחב לשאלה ששאלת, אך זו התשובה היחידה שאתה זכאי לקבל, ויותר מכך אין לך רשות לשאול בזה. **כְּמוֹ שֶׁכָּתוּב "שׁוֹמֵר פִּיו וּלְשׁוֹנוֹ שׁוֹמֵר מִצָּרוֹת נַפְשׁוֹ"** (משלי כא, כג).

בָּרוּךְ יהוה לְעוֹלָם אָמֵן וְאָמֵן: בָּרוּךְ יהוה מִצִּיּוֹן שׁוֹכֵן יְרוּשָׁלָיִם הַלְלוּיָהּ: בָּרוּךְ יהוה אֱלֹהִים אֱלֹהֵי יִשְׂרָאֵל עֹשֵׂה נִפְלָאוֹת לְבַדּוֹ: וּבָרוּךְ שֵׁם כְּבוֹדוֹ לְעוֹלָם וְיִמָּלֵא כְבוֹדוֹ אֶת כָּל הָאָרֶץ אָמֵן וְאָמֵן:

ירושלים